KB190741

카이로스 2696

카이로스 2696

발 행 일 2024년 6월 12일

지 은 이 김운길

편　　집 구부회

발 행 처 도서출판 담아서

주　　소 경기도 시흥시 배곧3로 27-8

전　　화 0505-338-2009

팩　　스 0505-329-2009

계좌번호 농협 301-2274-2009-11 (예금주: 전하영)

등록번호 2021-000013호

ISBN 979-11-975961-8-6 (93230)

독자의 의견을 기다립니다.

damaserbooks@naver.com

이 책의 출판권은 도서 출판 담아서가 소유합니다.

신저작권법에 의하여 한국 내에서 보호를 받는 저작물이므로 무단 전재와 무단 복제를 금합니다.

카이로스 2696

김 운 길 지음

Tishrei 1, 6457, in Jerusalem

담아서

하나님을 사랑하는 사람은
하나님의 섭리를 깨닫게 될 때 크게 기뻐한다.

모두가 땅을 욕망할 때
그들은 눈을 들어 하늘을 소망한다.

목차

Tishrei 1, 6457, in Jerusalem

들어가면서

구약성경 다니엘서 12장에는 수수께끼 같은 예언이 기록되어 있다. 그리고 그 예언은 천사의 명령에 의해 마지막 때까지 봉해져 있다. 봉해져 있다는 것은 비밀이 풀리지 않는 것이다. 이 책은 그 예언에 대한 해석이며, 만약 이 해석이 맞는다면 천사의 봉인은 해제된 것으로 보인다. 결국 마지막 때가 가까워진 것이다. 비록 그 기간이 짧지는 않지만 …

단 12:1 "그때에 미카엘이 일어서리니, 이는 네 백성의 자손을 위하여 일어서는 위대한 통치자라. 또 고난의 때가 있으리니, 그것은 민족이 생긴 이래로 그 때까지 결코 없었던 것이라. 그 때에 네 백성이 구제될 것이니, 곧 그 책에 기록되어 발견될 모든 자들이라.

12:2 땅의 흙 속에서 잠자는 많은 사람들이 깨어날 것이며, 얼마는 영원한 생명을 얻겠고, 얼마는

수치와 영원한 모욕을 받으리라.

12:3 현명한 자들은 창공의 광명처럼 빛날 것이요, 많은 사람을 의로 돌이키는 자들은 별들처럼 영원무궁토록 빛나리라.

12:4 그러나, 오 너 다니엘아, 마지막 때까지 그 말씀을 닫고 그 책을 봉하라. 그 때에는 많은 사람이 이리저리 달릴 것이요 지식이 증가하리라.” 하더라.

12:5 그때에 나 다니엘이 쳐다보았더니, 보라, 다른 두 사람이 서 있는데 한 사람은 강둑 이편에, 다른 사람은 강둑 저편에 서 있더라.

12:6 한 사람이 강물 위에 있던 세마포를 입은 사람에게 말하기를 “이러한 이적들의 끝이 언제까지겠느냐?” 하더라.

12:7 내가 들으니, 강물 위에 있던 세마포를 입은 사람이 그의 오른손과 그의 왼손을 하늘로 들어올리고 영원히 사시는 분으로 맹세하기를 “한 때와 두 때와 반 때가 되리니, 그가 거룩한 백성의 권세를 흩어 버리는 것을 마치게 되면 이 모든 일이 끝나게 되리라.” 하더라.

12:8 내가 들었으나 깨닫지는 못하였더라. 그때에

내가 말하기를 "오 내 주여, 이러한 일들의 마지막에는 어떻게 되겠나이까?" 하였더니,

12:9 그가 말씀하시기를 "다니엘아, 네 길을 가라. 이는 그 말씀들이 마지막 때까지 닫혀 있고 봉해져 있을 것임이라.

12:10 많은 사람들이 정결케 될 것이며 희게 되고 연단되리라. 그러나 악인들은 악하게 행하리라. 악한 자들 중 아무도 깨닫지 못할 것이나 현명한 자들은 깨달으리라.

12:11 날마다 드리는 희생제가 폐지되고 멸망케 하는 가증한 것이 세워질 때부터 일천이백구십 일이 될 것이니라.

12:12 기다려서 일천삼백삼십오 일에 이르는 자는 복이 있도다.

12:13 그러나 너는 그 마지막이 이를 때까지 네 길을 가라. 이는 네가 쉴 것이요, 그 날들의 마지막에 네 땅에 설 것임이라." 하더라.

B.C. 313년 로마 황제의 기독교 공인 후, 인간이 만든 전통과 철학이 교리안에 스며들면서 교회는 진리의 빛을 많이 잃어버렸다. 그중 가장 안타까운 것은 반유대주의의 물결에

휩싸여 구약에 기록된 하나님의 영원한 진리 곧 절기와 계명의 중요성을 잊어버린 것이다.

예수께서는 토라(Torah, 모세오경)와 선지서에 기록된 하나님의 말씀을 이루기 위해 이 땅에 오셨음을 명확히 밝히셨고, 십자가에서 죽기까지 순종하시며 그 말씀들을 다 이루셨다. 하지만, 오해하지 말아야 한다. 다 이루셨다고 하셨지, 다 이루셨으니 이제 그만 폐지하신다고 하진 않으셨다. 오히려 세상 끝날까지 하나님 말씀은 결코 없어지지 않는다고 경고하셨다.

> 마 5:17   내가 율법이나 선지서들을 폐기하러 온 줄로 생각하지 말라. 폐기하러 온 것이 아니라 이루려고 왔노라.
>
> 5:18   진실로 내가 너희에게 말하노니, 하늘과 땅이 없어지기 전에는 율법의 일점 일획도 모든 것이 이루어질 때까지 결코 없어지지 아니하리라.

토라와 선지서 안에는 메시아의 고난에 대한 예언도 있지만, 세상 끝날에 대한 하나님의 예언도 있다. 그렇다면 마지막 때에 예고된 그리스도 재림에 대한 단서도 당연히 있을 것이다.

　이런 저런 신학이 도움이 되긴 하겠지만, 그 모든 신학을 넘어 성경에 기록된 하나님의 말씀을 존중하고 순종할 때 비로소 하나님의 신비한 경륜을 깨닫게 된다. 하나님께서 친히 돌판에 쓰신 계명이 곧 영생의 말씀이요, 하나님께서 직접 정하신 절기는 이스라엘 백성을 모델로 삼아 인류 전체를 구원하기 위한 하나님의 원대한 시간표라는 것을!

　이 해석에 이르기까지 징검다리 같은 도움을 주신 분들이 계신다. 그 분들의 성경 해석이 없었다면 감히 이러한 해석은 시도조차 할 수 없었을 것이다. 직접 만나보지는 못하였지만, 하나님의 말씀과 역사를 진지하게 탐구한 그들의 열정에 깊은 경의를 표한다.

윌리엄 밀러(William Miller, 설교자, 1782~1849)

피터 럭크만(Peter. S. Ruckman, 박사, 1921~2016)

박윤식(목사, 1928~2014)

유진 폴스티히(Eugene Faulstich, 연대기 연구가, 1931~2006)

Tishrei 1, 6457, in Jerusalem

십계명을 주실 때

출애굽 연대와 관련해서는 신학자들 사이에 견해가 다양하다. B.C. 1461년, B.C. 1446년, B.C. 1290년 등의 학설이 존재한다. 그중에서 박윤식 목사(1928~2014)가 분석한 출애굽 일정은 주목할 만하다. 왜냐하면, 출애굽 당시의 상황을 날짜 단위로 분석하여 구체적인 일정표를 재현해 냈기 때문이다(참고 도서: 『영원한 만대의 언약 십계명』, 휘선 출판사, 2019).

이스라엘 백성이 이집트를 나와 홍해를 건넌 후, 모세가 시내산을 등정한 것은 모두 8차에 걸쳐서 진행된다. 그리고 그 와중에 하나님으로부터 십계명을 받게 된다. 하지만 하나님으로부터 십계명을 받을 때 우여곡절이 많았다.

모세가 시내산에 올라서 40일 금식 기도를 드리고 첫 번째 십계명 돌판을 받게 되지만 이스라엘 금송아지 사건으로 그 십계명 돌판은 깨뜨려진다. 그 후 모세가 40일 중보 기도를 통해 이스라엘 백성의 죄사함을 받고, 그 후에 다시 40일 금식 기도를 한번 더 드리고 두 번째 십계명 돌판을 받게 된다. 모세는 40일 금식 기도를 두 번이나 드렸다.

이스라엘이 이집트를 나온 날(무교절), 모세가 십계명과 율법을 선포한 날(칠칠절/오순절), 그리고 중보 기도와 두 번째 금식 기도 후 모세가 두 번째 십계명 돌판을 받은 날(대속죄일)은 레위기에 기록된 하나님의 명절과 일치하게 된다. 레위기 23장에 따르면 하나님께서는 이 날들을 특별히 하나님의 절기(명절)로 정하시고 이를 이스라엘 백성에게 주어 지키게 하신다.

태양은 항상 둥글게 보이지만, 달은 매일 그 모습을 달리한다. 하나님께서는 사람들이 눈으로 식별할 수 있는 달의 형상을 기준으로 하나님의 시간표 즉 절기를 미리 정해 두셨다. 그리고 그 절기에 따라 출애굽의 기적을 보이셨고, 모세에게 십계명을 주셨으며, 그 절기에 맞추어 예수의 십자가 사건, 오순절(칠칠절) 성령 강림 사건 그리고 그리스도의 재림 및 최후 심판을 모두 예정해 두셨다.

역사를 돌이켜 보면, 하나님의 절기는 표면적으로 이스라엘 출애굽 사건의 청사진이지만, 보다 더 크게는 전 인류를 구원하시기 위한 큰 그림이다. 왜냐하면 이스라엘만의 하나님이 아니고 만백성의 하나님이시기 때문이다.

모세가 두 번째 40일 금식 기도를 한 것은 다섯 번째 달

30일부터, 일곱 번째 달 티쉬리 10일(대속죄일)까지였다.

복음서에는 예수 그리스도의 광야 40일 금식이 기록되어 있는데 모세의 두 번째 금식 기도와 같은 기간인 것으로 추측된다. 왜냐하면, 전통적으로 신앙심 깊은 유대인의 금식 기간이 대속죄일인 욤키푸르(Yom Kippur)를 앞두고 진행되었기 때문이다. 이와 같은 기록으로 미루어 볼 때, 성령의 강한 역사는 주로 하나님의 명절을 따라 이루어졌음을 알 수 있다.

한 가지 주목할 점은 하나님께서 모세에게 명하신 한 해의 시작은 유월절이 포함된 아빕(니산)이고 이는 태양력(그레고리력)으로 환산해 보면 대략 3~4월쯤 된다.

이 기록은 출애굽기 12장에 나오는데, 이때는 이스라엘 백성이 아직 이집트에 있었을 때이다. 하지만 그로부터 천년 뒤, 바벨론 포로 생활에서 돌아온 유대인들은 한 해의 시작을 7번째 달인 티쉬리 1일로 정하고 있으며 이를 로쉬 하샤나(Rosh Hashanah, '올해의 머리'라는 뜻)라고 부르고 있다. 그리고 아빕 대신 니산이라는 이름을 쓴다. 하나님께서 정하신 시간표를 유대인들이 이때부터 일부 변개하였다.

티쉬리 1일은 원래 나팔절(욤테루아, Yom Teruah)인데 이는 하나님께서 정하신 가을 절기의 시작이다. 선지자의 예언을 해석할 때, 시간 계산은 유대인의 변개된 연도 계산법 대신, 하나님께서 정하신 원래 기준을 따라 계산해야 오류가 발생하지 않는다. 그래서 한 해의 시작을 태양력 3~4월인 아빕(니산)부터 계산해야 한다.

유대인의 종교 달력과 주요한 명절은 다음과 같으며, 이 중에서 수전절과 부림절은 레위기에 기록된 것이 아니고 이스라엘의 장구한 역사 가운데 새로 만들어진 것들이다.

레위기에 기록되지 않은 유대인의 명절은 인류를 구원하기 위한 하나님의 전체 시간표와는 무관한 유대인들의 고유 명절이다. 수전절은 B.C. 164년 외세를 물리치고 성전을 회복한 것을 기념한 것이며, 부림절은 B.C. 5세기 에스더에 기록된 디아스포라 유대인들의 위기 탈출을 기념한 명절이다.

월	이름	하나님의 명절	유대인 고유명절	태양력
1	아빕 (니산)	유월절 14일 무교절 15~21일 초실절 16일		3~4월
2	이야르			4~5월
3	시완	칠칠절(오순절) 6일		5~6월
4	담무스			6~7월
5	아브			7~8월
6	엘룰			8~9월
7	티쉬리	나팔절 1일 대속죄일 10일 장막절 15~21일		9~10월
8	헤쉬반			10~11월

월	이름	하나님의 명절	유대인 고유 명절	태양력
9	키슬레브		수전절 25일	11~12월
10	테벳			12~1월
11	슈밧			1~2월
12	아다르		부림절 14일	2~3월

반유대주의의 결과, 교회가 잊어버리고 있는 하나님의 소중한 절기는 레위기 23장에 기록되어 있다. 이 명절들은 원래 이스라엘의 것이 아니고 하나님의 것이라는 사실을 깨닫는 것이 중요하다.

레 23:1　주께서 모세에게 일러 말씀하시기를

23:2　"이스라엘 자손에게 고하여 그들에게 말하라. '너희가 거룩한 모임으로 선포할 주의 명절들에 관해서라. 이것이 나의 명절들이니라.

23:3　육 일 동안은 일할 것이나 일곱째 날은 쉼의 안식일이니 거룩한 모임이 있느니라. 너희는 그 날에는 일하지 말라. 이것이 너희 모든 거처에서 주의 안식일이니라.

23:4　주의 명절들은 이러하니, 곧 거룩한 모임으로 삼아 그들의 시기에 따라 너희가 공포할지니라.

23:5　첫째 달 십사일 저녁은 주의 유월절이니라.

23:6   같은 달 십오일은 주께 무교절이니 칠 일 동안 너희는 누룩 없는 **빵**을 먹을지니라.

23:7   첫째 날에는 너희가 거룩한 모임을 가질 것이며, 그 날에는 어떤 육체 노동도 하지 말지니라.

23:8   그러나 너희는 칠 일 동안 주께 불로 드리는 제사를 드릴 것이요, 일곱째 날에는 거룩한 모임이 있으니, 그 날에는 어떤 육체 노동도 하지 말지니라.'" 하시니라.

23:9   주께서 모세에게 일러 말씀하시기를

23:10 "이스라엘 자손에게 고하여 그들에게 말하라. '너희는 내가 너희에게 주는 땅에 들어가서 거기서 수확을 거두면, 너희는 너희 수확의 첫열매들의 단을 제사장에게로 가져올지니라.

23:11 그러면 그가 주 앞에서 그 단을 너희를 위하여 받아들여지도록 흔들지니 안식일 후 다음 날에 제사장은 그것을 흔들지니라.

23:12 너희는 너희가 그 단을 흔드는 날 주께 번제로 일 년 된 흠 없는 어린 숫양을 드릴지니라.

23:13 거기의 음식제사는 기름으로 섞은 고운 가루 십분의 이를 향기로운 냄새로 주께 불로 드리며, 술붓는 제사로는 포도주 사분의 일 힌을

쓸지니라.

23:14 너희는 너희가 너희 하나님께 제물을 가져온 바로 그 날까지 빵이나 볶은 곡식이나 푸른 이삭도 먹지 말지니라. 이는 너희의 모든 처소에서 너희 대대에 걸쳐 영원한 규례가 되리라.

23:15 너희는 안식일 후 다음 날, 너희가 흔드는 제사의 단을 가져온 그 날부터 세어서 일곱 안식일을 마칠지니

23:16 너희는 일곱째 안식일 이튿날까지 오십 일을 헤아려서 주께 새로운 음식제사를 드릴지니라.

23:17 너희는 너희의 거처에서 십분의 이로 만든 흔드는 빵 두 덩어리를 가지고 나올지니 그 빵들은 고운 가루로 만들어 누룩을 넣어서 구울 것이며 그것들이 주께 드리는 첫열매들이니라.

23:18 너희는 그 빵과 더불어 일 년 된 흠 없는 어린 양 일곱 마리와 어린 수송아지 한 마리와 숫양 두 마리를 드릴지니라. 그것들은 주께 드리는 번제니, 그것들의 음식제사와 술붓는 제사와 더불어 주께 불로 드리는 제사니 향기로운 냄새니라.

23:19 또 너희는 속죄제를 위하여 숫염소 새끼 한 마

리와 화목제의 희생제물을 위하여 일 년 된 어린양 두 마리를 희생제물로 바칠지니라.

23:20 제사장은 첫열매들의 빵과 함께 주 앞에 흔드는 제사로 그 어린양 두 마리를 흔들지니, 그것들은 제사장을 위하여 주 앞에 거룩한 것이니라.

23:21 너희는 같은 날에 너희에게 거룩한 모임을 공포하고 그 날에는 어떤 육체 노동도 하지 말지니, 이는 너희의 모든 거처에서 너희 대대에 걸쳐 영원한 규례가 되리라.

23:22 너희가 너희 땅에서 수확을 거둘 때면 너는 거두는 들 모퉁이까지 깨끗이 거두지 말고, 네 수확 중에서 이삭도 줍지 말고, 너는 그것들을 가난한 자와 타국인을 위하여 남겨 두라. 나는 주 너희 하나님이라.'" 하시니라.

23:23 주께서 모세에게 일러 말씀하시기를

23:24 "이스라엘 자손에게 고하여 말하라. '일곱째 달, 그 달의 첫날에 안식일을 삼고 나팔들을 불어 기념일과 거룩한 모임을 삼을지니라.

23:25 너희는 그 날에 어떤 육체 노동도 하지 말고, 주께 불로 드리는 제사를 드릴지니라.'" 하시니라.

23:26 주께서 모세에게 일러 말씀하시기를

23:27   "이 일곱째 달 십일은 속죄일이 되리니 너희에게 거룩한 모임이 되리라. 너희는 너희 혼들을 괴롭게 하고 주께 불로 드리는 제사를 드릴지니라.

23:28   그 날에 너희는 아무 일도 하지 말지니 이는 그 날이 너희를 위하여 주 너희 하나님 앞에 속죄하는 속죄일임이라.

23:29   그 날에 괴롭게 하지 않는 혼은 누구든지 그의 백성 가운데서 끊어지리라.

23:30   그 날에 어떤 일이든 일하는 혼은 누구라도 내가 그의 백성 가운데서 멸망시키리라.

23:31   너희는 아무 일도 하지 말지니 그것은 너희의 모든 거처에서 너희 대대에 걸쳐 영원한 규례니라.

23:32   그것은 너희에게 쉼의 안식일이 되리니 너희는 너희 혼들을 괴롭게 하고 그 달의 아홉째 날 저녁, 곧 저녁부터 저녁까지 너희는 너희 안식일을 지킬지니라." 하시니라.

23:33   주께서 모세에게 일러 말씀하시기를

23:34   "이스라엘 자손들에게 고하여 말하라. '이 일곱째 달 십오일은 주께 칠 일 동안 장막절이니라.

23:35 첫째 날에는 거룩한 모임이 있으리니 너희는
어떤 육체 노동도 하지 말지니라.

23:36 칠 일 동안 너희는 주께 불로 제사를 드릴 것
이며, 여덟째 날에는 너희에게 거룩한 모임이
있으리니, 너희는 주께 불로 제사를 드릴지니
라. 그것은 엄숙한 집회니 그 날에 너희는 어
떤 육체 노동도 하지 말지니라.

23:37 이것들이 주의 명절들이니, 너희는 거룩한 모
임들이 되도록 공포하고 주께 불로 제사를 드
리되, 번제와 음식제사와 희생제와 술붓는 제
사로 모든 것을 그의 날에 드릴지니,

23:38 주의 안식일들 외에, 너희의 예물들 외에, 너희
의 모든 서원물들 외에, 너희의 모든 자원하는
제물들 외에, 너희가 주께 드리는 것이니라.

23:39 너희가 그 땅의 열매들을 거두면 일곱째 달의
십오일에는 또한, 너희는 칠 일 동안 주께 명
절을 지킬지니, 그 첫날도 안식일이 되고 그
여덟째 날도 안식일이 될지니라.

23:40 첫날에 너희는 보기 좋은 나무들의 가지들과
종려나무 가지들과 빽빽한 나무들의 가지들과
시내버들을 취하여 주 너희 하나님 앞에서 칠

일 동안 즐거워할지니라.

23:41　너희는 연중 칠 일 동안 주 앞에 한 명절로 지
킬지니 그것이 너희 후대들에게 영원한 규례
가 되리라. 너희는 그것을 일곱째 달에 기념할
지니라.

23:42　너희는 칠 일 동안 초막에서 거하되 태어난 이
스라엘인들 모두 초막에 거할지니

23:43　이는 내가 이집트 땅에서 이스라엘 자손을 데
리고 나올 때 그들을 초막에서 거하게 하였음
을 너희 후대로 알게 하려 함이니라. 나는 주
너희 하나님이라.'" 하시니

23:44　모세가 주의 명절들을 이스라엘 자손에게 선
포하였더라.

앞서 언급한 박윤식 목사의 저서 『영원한 만대의 언약 십
계명』(휘선 출판사, 2019) 부록에서 출애굽 당시의 상황을
자세히 재현한 일정표를 찾을 수 있는데, 이집트 탈출, 십계
명과 율법의 선포, 두 번째 십계명 돌판, 첫 번째 만나 및 안
식일의 만나 그침 등 중요한 사건들이 모두 하나님의 명절
에 맞춰서 발생했음을 알 수 있다.

특히 주목할 사항은 출애굽 한 그 해의 유월절은 수요일

저녁이었고 나팔절은 토요일이었다는 분석이다. 봄 아빕(니산) 유월절이 수요일이면, 가을 티쉬리 나팔절은 반드시 정기 안식일인 토요일과 겹치게 된다.

이 내용은 매우 중요하다. 왜냐하면, 그로부터 약 1500년 뒤에 발생하는 십자가 사건 유월절이 출애굽때와 같은 수요일이었고, 예수 그리스도 재림 시 나팔절도 출애굽때와 같은 토요일이 될 것이기 때문이다.

출애굽의 주요 사건을 월별로 정리하면 다음과 같다.

종교력	일	월	화	수	목	금	토
1월 아빕 (니산)					1일	2일	3일
	4일	5일	6일	7일	8일	9일	10일
	11일	12일	13일	14일 유월절	15일 무교절 출애굽	16일 초실절	17일
	18일	19일	20일	21일 홍해를 건넘	22일	23일	24일
	25일	26일	27일	28일	29일	30일	

이스라엘 백성이 이집트를 나온 날은 1월(아빕/니산) 15일 무교절인데 이날 밤에는 보름달이 떴다. 밤낮을 가리지 않고 광야를 행군하는 이스라엘 백성을 위한 하나님의 배려로 추측된다. 왜냐하면, 보름달은 일몰 후 동쪽 하늘에서 뜨고 밤새도록 어둠을 밝히기 때문이다. 무교절 7일째 되는 21일에 홍해를 건너고 이집트 군대의 수장을 목격하게

된다(출 14장).

종교력	일	월	화	수	목	금	토
2월 이야르							1일
	2일	3일	4일	5일	6일	7일	8일
	9일	10일	11일	12일	13일	14일	15일 신 광야 회중의 불평
	16일 첫 만나 (출 16:4)	17일	18일	19일	20일	21일 갑절의 만나 (출 16:5)	22일 만나 그침 (출 16:26)
	23일	24일	25일	26일	27일	28일	29일

광야에서 한달 쯤 시간을 보낸 후, 첫 번째 만나는 2월 (이야르) 16일에 내리고, 그 주 금요일에는 갑절의 만나를 얻게 된다. 그리고 안식일인 22일에 처음으로 만나가 그치게 된다(출 16장).

출 16:1　그들이 엘림을 떠나 그들의 여정을 시작하며 이스라엘 자손의 모든 회중이 엘림과 시내 사이에 있는 신 광야에 오니, 그들이 이집트 땅에서 떠난 후 둘째 달 십오일이더라.

16:2　이스라엘 자손의 온 회중이 광야에서 모세와 아론에게 대항하며 불평하였는데

16:3　이스라엘 자손이 그들에게 말하기를 "우리가

고기 솥 옆에 앉아 있던 때와 빵을 배불리 먹던 때에 이집트 땅에서 주의 손에 죽었더라면 좋았으리라. 너희가 우리를 이 광야로 데리고 나와 이 온 무리를 굶어 죽게 하는도다." 하더라.

16:4 그때에 주께서 모세에게 말씀하시기를 "보라, 내가 너희를 위해 하늘로부터 빵을 비처럼 내리리니, 백성들은 나가서 매일 일정한 양을 거둘 것이요, 이로써 나는 그들이 나의 법도대로 행하는지 행하지 않는지 시험하리라.

16:5 여섯째 날에는 그들이 가져오는 것을 예비할지니, 날마다 거두는 것의 두 배가 되게 할지니라." 하시니라.

출 16:22 여섯째 날에는 그들이 한 사람에 두 오멜씩, 두 배의 빵을 거두며 회중의 모든 지도자들이 와서 모세에게 고하더라.

16:23 모세가 그들에게 말하기를 "이것이 주께서 말씀하신 것이라. 내일은 주께 거룩한 안식일의 휴식이라. 너희가 오늘 구울 것은 굽고, 끓일 것은 끓이고, 남는 것은 남겨서 너희를 위하여 아침까지 간수하라." 하더라.

16:24 그들이 모세가 명한 대로 그것을 아침까지 남

겨 두었으나 악취도 나지 않고 거기에 아무 벌
레도 생기지 않았더라.

16:25 모세가 말하기를 "오늘 그것을 먹으라. 오늘
이 주께 안식일이니, 오늘은 너희가 그것을 들
에서 얻지 못하리라.

16:26 육 일 동안은 너희가 그것을 거둘 것이나 칠
일째는 안식일이니 그 날에는 아무것도 없으
리라." 하더라.

이스라엘 백성에게 십계명과 율법이 선포된 것은 출애굽
50일째 되는 날인데 이날은 3월(시완) 6일 즉 칠칠절(오순
절)이 된다. 주목할 사항은 하나님으로부터 십계명을 받기
전부터 이미 안식일 훈련이 시작된 것이다. 십계명에 기록
된 윤리법만큼이나 하나님의 절기도 중요함을 알 수 있다.

종교력	일	월	화	수	목	금	토
3월 시완	1일	2일	3일	4일	5일	6일 칠칠절(오순절) 십계명과 율법 선포	7일
	8일	9일	10일	11일	12일	13일	14일
	15일	16일	17일	18일	19일	20일	21일
	22일	23일	24일	25일	26일	27일	28일
	29일	30일					

종교력	일	월	화	수	목	금	토
4월 담무스			1일	2일	3일	4일	5일
	6일	7일	8일	9일	10일	11일	12일
	13일	14일	15일	16일 금송아지 사건	17일 깨뜨려진 첫 번째 돌판	18일 중보 기도 시작	19일
	20일	21일	22일	23일	24일	25일	26일
	27일	28일	29일				

모세의 첫 번째 40일 금식 기도(신 9:9) 후 첫 번째 십계명 돌판을 받은 날은 4월(담무스) 17일이다. 그러나 이스라엘 백성의 금송아지 사건으로 인해 첫 번째 돌판은 깨뜨려진다 (출 32장). 역사적 기록으로 볼 때, 그 후로 이스라엘 민족에게 여러번 슬픈 역사가 생기는데, 담무스 17일에 발생한 것이 많았다. 그 후 모세의 40일 중보 기도(신 9:25)와 2차 40일 금식 기도(신 9:18) 후 두 번째 십계명 돌판을 받은 날은 7월(티쉬리) 10일 대속죄일이 된다(출 34장). 출애굽기 와 신명기의 기록을 토대로 십계명 돌판을 받기까지 모세의 기도 기간을 정리하면 다음과 같다.

십계명과 율법의 선포(출 20장) : 3월(시완) 6일 칠칠절

1차 금식 기도(신 9:9) : 3월 8일 ~ 4월 17일(40일)

첫 번째 십계명 돌판이 깨뜨려진 날(출 32:19) : 4월 17일

중보 기도(신 9:25) : 4월 18일 ~ 5월 28일(40일)

2차 금식 기도(신 9:18) : 5월 30일 ~ 7월 10일(40일)

두 번째 십계명 돌판을 받은 날(출 34:28) : 7월 10일 대
속죄일

종교력	일	월	화	수	목	금	토
7월 티쉬리							1일 나팔절
	2일	3일	4일	5일	6일	7일	8일
	9일	10일 대속죄일 두 번째 십계명 돌판	11일	12일	13일	14일	15일 장막절
	16일	17일	18일	19일	20일	21일	22일
	23일	24일	25일	26일	27일	28일	29일

　　모세는 십계명 돌판을 받기 위해서 도합 120일간 기도를
드리게 되는데 그중에서 80일은 금식 기도였고 40일은 이스
라엘 민족을 위한 중보 기도였다.

　　얼마나 중요한 말씀이기에 무려 80일의 금식 기도가 필
요했던 것일까?

　　하나님께서 친히 손가락으로 쓰신 십계명 돌판은 증거궤
(법궤) 안에 보관되고, 그 증거궤는 대제사장이 일 년에 딱
하루 곧 대속죄일에만 들어갈 수 있는 성전의 지성소 안에

안치된다.

> 신 9:9 내가 돌판들, 즉 주께서 너희와 맺은 언약의
> 돌판들을 받으려고 산에 올라갔을 때 내가 산
> 에서 사십 일 낮과 사십 일 밤을 묵었으며 빵
> 도 먹지 아니하고 물도 마시지 아니하였는데,
>
> 9:10 주께서 하나님의 손가락으로 기록하신 두 돌
> 판을 내게 건네주셨으니, 그 위에 기록된 것은
> 집회의 날에 산의 불 가운데서 주께서 너희와
> 말씀하신 모든 말씀에 따른 것이니라.
>
> 출 25:16 너는 내가 네게 줄 증거판을 그 궤에다 넣어
> 둘지니라.
>
> 왕상 8:9 그 궤 안에는 두 돌판 외에 아무것도 없었으니
> 그것들은 이스라엘 자손이 이집트 땅에서 나
> 온 후에 주께서 그들과 언약을 맺으실 때 모세
> 가 호렙에서 거기에 넣은 것이더라.

혹자는 이렇게 말할지도 모른다. 예수 믿고 구원만 받으
면 되지 계명이 뭐가 중요한가?

예수를 믿는다는 것에 대한 잘못된 인식은 이와 같은 순
종 없는 잘못된 믿음으로 이어진다. 예수를 믿는다는 것은

입으로 예수를 구세주로 고백하는 것을 넘어서서 하나님의 말씀에 온전히 순종하는 것이다. 그리고 그 말씀 중에 가장 중요한 것이 바로 계명이다. 계명과 형식적인 율법주의를 구분하지 못하면 심판 날에 혹독한 결과를 면하기 어렵다. 예수의 말씀이 그러하다.

마 5:19 그러므로 누구든지 이 계명들 중에서 지극히 작은 것 하나라도 범하고 그렇게 가르치는 사람은 천국에서 가장 작은 사람이라 불릴 것이요, 누구든지 계명들을 행하고 가르치는 사람은 천국에서 큰 사람이라 불릴 것이라.

마 7:21 나에게 '주여, 주여.' 하고 부르는 자마다 다 천국에 들어가는 것이 아니요, 하늘에 계신 나의 아버지의 뜻을 행하는 자라야 되느니라.

7:22 그 날에 많은 사람들이 나에게 '주여, 주여, 우리가 주의 이름으로 예언하지 아니하였으며, 주의 이름으로 마귀들을 쫓아내지 아니하였으며, 주의 이름으로 많은 경이로운 일들을 행하지 아니하였나이까?'라고 말하리니,

7:23 그때 내가 그들에게 분명히 말하되 '나는 너희를 전혀 알지 못하니, 너희 불법을 행하는 자

들아, 내게서 떠나가라.'고 하리라.

예수께서는 하나님의 계명이 곧 영생이라고 말씀하셨는데, '믿음으로 얻게 되는 구원'에 대한 잘못된 인식으로 정작 십계명의 중요성을 잊고 있는 것은 현대 교회의 가장 큰 비극이 아닐 수 없다. 계명을 무거운 짐이나 율법으로 여기는 잘못된 풍조는 예수님과 사도의 가르침과는 다르다.

하나님의 사랑은 인간의 주관적인 사랑타령과는 달리 공의와 긍휼을 바탕으로 하고 있다. 그래서 하나님께서 원하시는 사랑은 형식도 중요하다.

외형적으로 계명을 지키는 것으로 사랑을 다 이룰 수는 없지만, 계명이라는 외형적 틀을 벗어나서는 하나님께서 원하시는 공의의 사랑을 실현할 수 없다. 불효하고 살인하고 간음하고 도둑질하고 이간질하고 남의 것을 탐내면서 이웃 사랑을 이룰 수는 없고, 하나님께서 정하신 시간표에 따라 진행되는 하나님의 구속사를 망각하고 하나님을 사랑한다고 할 수는 없다.

'주여 주여' 하는 자기 주관적인 기복신앙에서 벗어나, 살아계신 하나님의 말씀을 존중하고 순종할 때 비로소 진리와 자유가 보이기 시작한다.

요 12:50 나는 그분의 계명이 영생임을 아노라. 그러므로 내가 말하는 것은 무엇이나 아버지께서 나에게 말씀하신 것을 그대로 이르는 것이라."고 하시더라.

요일 5:2 우리가 하나님을 사랑하고 그의 계명들을 지키면 이것으로 우리가 하나님의 자녀들을 사랑함을 아느니라.

5:3 하나님을 사랑하는 것이 이것이니, 곧 우리가 그의 계명들을 지키는 것이라. 그의 계명들은 무거운 것이 아니니라.

Tishrei 1, 6457, in Jerusalem

십자가를 지실 때

예수님의 십자가 사건이 발생한 연도에 대한 해석은 크게 두가지로 나뉜다. A.D. 30년 또는 A.D. 33년.

A.D. 30년을 전후한 연도의 유월절(아빕/니산 14일 저녁) 요일 및 날짜를 태양력으로 환산하면 다음과 같다.

연도	요일	태양력 날짜
A.D. 28	월	3월 28일
A.D. 29	토	4월 14일
A.D. 30	수	4월 3일
A.D. 31	월	3월 24일
A.D. 32	월	4월 12일
A.D. 33	금	4월 1일
A.D. 34	월	3월 20일

많은 성직자들이 A.D. 33년 학설을 배웠는데, 그 해의 유월절은 금요일이다. 그래서 대다수 기독교인들은 예수께서 금요일에 돌아가시고 사흘째 되는 일요일 새벽에 부활하신

것으로 배웠다. 하지만, 성경의 기록을 자세히 분석하면 그 렇지 않을 가능성이 크다.

먼저, A.D. 33년 학설로 십자가 사건을 재구성해보자.

A.D. 33년에 십자가 사건이 발생했다고 배운 사람들은 금요일에 예수께서 돌아가셨다고 생각한다. 그리고 이 경우 무교절 안식일이 정기 안식일인 토요일과 겹치기 때문에 안식 후 첫 날, 즉 일요일 새벽에 예수께서 부활하신 것으로 이해한다.

요일	화	수	목	금	토	일
양력	3/29	3/30	3/31	4/1	4/2	4/3
아빕 니산	11	12	13	14	15	16
절기				유월절	무교절 안식일 정기 안식일	초실절
사건			마지막 성찬	십자가		부활
기록			요 13:1			막 16:1 향료를 사다 막 16:2 무덤에 가다

하지만 이 학설은 성경의 두 가지 기록과 모순된다.

첫째, 예수께서 사흘 낮 사흘 밤을 무덤속에 계실 것이라는 예언과 일치하지 않는다. 금요일 저녁에 무덤에 장사된 후 일요일 새벽에 부활해서 무덤을 나오신다면 사흘 낮 사흘 밤(72시간)이 아니고 하루 낮 이틀 밤(36시간)이 되기 때문이다.

> 마 12:40 요나가 사흘 낮과 사흘 밤을 고래 뱃속에 있었듯이, 인자도 그처럼 사흘 낮과 사흘 밤을 땅의 심장 속에 있을 것이라.

둘째, 마가복음 16장의 기록과 부합하지 않는다. 막 16:1에 안식일이 지난 후 마리아가 좋은 향료를 샀다고 되어 있는데, 이 안식일은 토요일 정기 안식일이 될 수가 없다. 만약 막 16:1의 안식일이 토요일이라면 일요일 새벽에 무덤에 달려가기 전에 향료를 사야 하는데 그 시절의 혼란스런 밤 상황을 고려해보면 이는 합리적 추측이 될 수 없다. 따라서, 막 16:1의 안식일과 막 16:2에 기록된 그 주의 첫날 사이에 다른 날짜가 들어있음을 짐작할 수 있다.

> 막 15:46 요셉이 세마포를 사 가지고 와서 주를 내려 세마포로 싼 후 바위를 파서 만든 무덤에 안치하고 나서 무덤 문에 돌을 굴려 놓으니

15:47   막달라 마리아와 요세의 모친 마리아가 주를
          둔 곳을 보더라.

16:1   안식일이 지난 후, 막달라 마리아와 야고보의
          모친 마리아와 살로메가 좋은 향료를 샀으니
          이는 주께 와서 붓고자 함이더라.

16:2   그 주의 첫날 아주 이른 아침 해가 뜰 무렵 그
          들이 무덤에 왔더라.

이제 A.D. 30년 학설로 십자가 사건을 재구성해보자.

A.D. 30년 유월절을 전후한 태양력 요일의 구성과 주요
사건은 다음과 같이 정리할 수 있다.

요일	일	월	화	수	목	금	토	일
양력	3/31	4/1	4/2	4/3	4/4	4/5	4/6	4/7
아빕 니산	11	12	13	14	15	16	17	18
절기				유월절	무교절 안식일	초실절	정기 안식일	
사건			마지막 성찬	십자가		부활		
기록			요13:1			막16:1 향료를 사다		막16:2 무덤에 가다

유월절은 아빕(니산) 14일 저녁이고, 무교절은 15일이므로 태양력 4/3 수요일 저녁부터 유월절이 시작되며, 유월절과 무교절은 연이어 진행된다.

먼저 예수께서는 유월절인 수요일에 돌아가시고 그날 저녁에 가까운 무덤에 장사된다. 그것이 양력 4월 3일(아빕/니산 14일) 수요일의 주요 사건이다.

그 다음날인 양력 4월 4일(아빕/니산 15일) 목요일은 무교절 안식일이므로 모든 사람이 명절을 지킨다. 매주 제7일은 정기 안식일이지만 주요 명절(무교절, 칠칠절, 나팔절, 대속죄일, 장막절 등)도 안식일이었기 때문이다.

그리고 무교절 안식일 다음날인 양력 4월 5일에 마리아가 향료를 산다. 양력 4월 5일(아빕/니산 16일)은 금요일이며 정기 안식일인 토요일 전날이므로 향료를 구할 수 있었다. 그래서 막 16:1의 기록에 나오는 안식일은 토요일 정기 안식일이 아니고 무교절 안식일 즉 목요일임을 알 수 있다.

정리해 보면, 마리아는 무교절 안식일인 목요일에 안식한 후 금요일에 향료를 구입하고(막 16:1), 다시 정기 안식일인 토요일을 지낸다. 그리고 그 다음날, 즉 그 주의 첫날 이른 아침에 무덤에 갈 수가 있었다(막 16:2).

두 번째는 사흘 낮 사흘 밤의 예언과 관련된 것이다. 예수께서 수요일 저녁에 장사되시고 토요일 밤에 무덤을 나오신다면, 사흘 낮 사흘 밤 예언과 일치하게 된다. 수목금의 밤과 목금토의 낮이 다 지나가면, 토요일 밤이 되는 순간 사흘 낮과 사흘 밤이라는 기간이 채워지기 때문이다.

예수께서 수요일 저녁에 장사되신 후부터 일요일 새벽까지 무덤 속에서 발생한 사건을 목격한 사람은 아무도 없다. 사흘 만에 부활하리라는 예언은 만 3일이 지나서 부활한다고 해석할 수도 있고, 3일째 되는 날 부활한다고 해석할 수도 있다. 만 3일이 지나서 부활한다면 토요일 오후 3시 이후가 될 것이고, 3일째 부활한다면 초실절 즉 아빕(니산) 16일인 금요일에 부활한 것이 된다.

> 마 20:18 "보라, 우리가 예루살렘에 올라가면 인자가 선임 제사장들과 서기관들에게 넘겨질 것이며, 그러면 그들이 그에게 사형을 선고하리라.
> 20:19 또 그들이 그를 이방인들에게 넘겨주어 조롱하고 채찍질하며 십자가에 못박으리라. 그러나 셋째 날에 그가 다시 살아나리라."고 하시더라.

십자가에서 돌아가신 수요일을 첫째 날로 본다면 금요일이 셋째 날이 되며, 이는 하나님의 절기인 초실절과 일치한다. 금요일(초실절)의 부활이라면, 성경에 기록된 부활의 첫 열매가 되신 것이다.

> **고전 15:20** 그러나 이제 그리스도께서는 죽은 자들로
> 부터 살아나셔서 잠들었던 자들의 첫열매
> 들이 되셨느니라.

셋째 날에 부활하실 것이라는 말씀과 사흘 낮 사흘 밤을 땅의 심장 속에 있을 것이라는 말씀을 분리해서 생각해 보자. 언뜻 들으면 같은 말씀 같지만 자세히 생각해 보면 다른 사건이 된다.

초실절인 금요일에 부활하신 후 동굴 무덤 속에서 정기 안식일인 토요일을 보내시고 무덤에서 나오셨다면, 셋째날 부활과 사흘 밤 사흘 낮 땅의 심장 속이라는 예언이 모순되지 않고 모두 완성된다. 사람이 죽은 뒤 땅을 파고 시신을 묻는 풍습과 달리 그시대 예루살렘 유대인들은 동굴 무덤 속에 시신을 안치했기 때문에 가능한 일이었다.

혹자는 이렇게 말할지도 모른다. 부활했으면 됐지 그게 금요일이든 일요일이든 무슨 차이가 있느냐고?

치명적인 차이가 있다. 왜냐하면, 십자가 사건이 발생한 시기의 상황을 정확히 이해하지 못하면, 출애굽과 십자가

사건 그리고 그리스도의 재림에 숨겨진 오묘한 패턴을 제대로 이해할 수 없기 때문이다. 출애굽과 십자가 사건, 그리고 그리스도의 재림과 관련해서, 하나님께서는 달의 패턴을 따라 수천년에 걸친 신비한 청사진을 예비해 두셨다.

창세기 기록에 따르면 하나님께서 사람을 창조하신 것은 제6일이며 사람은 창조되자마자 안식일을 맞게 된다. 만약 하나님께서 유월절의 희생과 초실절의 부활 직후 정기 안식일이 되도록 처음부터 예정해 두신 것이라면, 아담의 창조와 그리스도의 부활이 모두 안식일 전 제6일에 진행된다는 놀라운 공통점을 갖게 된다.

첫 사람 아담이 창조된 다음날 안식일을 맞게 된 것처럼, 마지막 아담 그리스도도 부활 후 다음날 안식일을 맞게 된 것이다.

고전 15:45 따라서 이와 같이 기록되었으니 "첫 사람 아담은 살아 있는 혼이 되었느니라." 함과 같이 마지막 아담은 살려 주는 영이 되었느니라.

15:47 첫째 사람은 땅에서 나서 흙으로 만들어졌으나 둘째 사람은 하늘에서 나신 주시니라.

그래서 정리하면 다음과 같다.

예수께서 A.D. 30년 유월절인 수요일에 돌아가시고, 3일째 되는 금요일(초실절)에 부활하신 후, 토요일 즉 정기 안식일에는 동굴 무덤 속에 계시다가, 토요일 밤부터 일요일 새벽 사이에 무덤에서 나가시고, 일요일 아침 일찍 마리아에게 그 모습을 나타내셨다.

역사를 돌이켜 볼 때, 유대인들의 신앙은 시간이 흐르면서 잘못된 전통과 형식적인 율법주의로 변질되었다. 그래서 하나님의 아들이 직접 오셔서 거룩하신 하나님의 참 사랑을 보여주셨음에도 불구하고 자신들의 전통과 기득권을 고집하고 결국 그리스도를 십자가에 못박아 죽였다.

하지만, 이러한 잘못은 기독교라고 해서 예외는 아니다. A.D. 313년 콘스탄티누스 황제의 기독교 공인 후, 권력과 재물로 타락한 기독교는 과거 유대교의 오류를 그대로 되풀이하게 된다. 이단논쟁, 마녀 사냥, 여러 번에 걸친 십자가 전쟁 등 ⋯.

제일 심각한 것은 하나님의 시간표 대신 인간의 시간표를 도입하여 하나님의 진리를 가린 것이다.

콘스탄티누스 로마 황제는 밀라노 칙령(B.C. 313년)으로 기독교를 공인한 후, 태양신을 섬기던 다수 이교도들을 기독교로 흡수하기 위해 B.C. 321년 일요일 휴업령을 내린다. 그 후로 주류 기독교는 안식일 대신 일요일에 하나님을 예배한다. 유대인들이 바벨론 포로 생활 후 하나님의 절기를 일부 변개시켰다면, 로마 콘스탄티누스 황제는 시간표를 완전히 바꿔버린 것이다.

안식일과 절기를 버린 기독교는 하나님의 절기에 숨겨진 오묘한 진리와 인류의 마지막 시대에 대한 예언을 더이상 제대로 이해하지 못하게 된다. 왜냐하면, 하나님의 진리는 온전히 순종할 때만 빛을 보여주시기 때문이다.

하나님의 아들 예수의 말씀에 비추어 보면, 지금의 기독교는 신구교를 떠나서 적지 않은 거짓과 인간의 전통들을 유산으로 물려받았다. 잘못된 신학으로부터 물려 받은 거짓 유산을 극복할 수 있는 유일한 방법은 자기가 배운 것을 검토하고 예수의 말씀으로 다시 점검하는 것 뿐이다. 예수께서 2,000년 전 유대인 성직자들에게 하신 말씀은 오늘날 자칭 정통 기독교에 더 필요한 경고이다.

> 막 7:6 　주께서 그들에게 대답하여 말씀하시기를 "너희 위선자들에 관하여 이사야가 잘 예언하였도다. 기록된 바와 같으니 '이 백성이 입술로는 나를 공경하여도 그들의 마음은 내게서 멀

도다.

7:7   그러면서도 사람들의 계명들을 교리들로 가
        르치니, 그들이 나를 헛되이 경배하는도다.'

7:8   너희가 하나님의 계명을 버리고 사람들의 전
        통을 지키니, 단지와 잔을 물로 씻는 것과 이
        와 같은 여러 가지 다른 일을 자행하는도다."
        라고 하시니라.

7:9   또 주께서 그들에게 말씀하시기를 "너희 자신
        의 전통을 지키기 위해 너희가 하나님의 계명
        은 쉬 버리는도다.

이 장에서 특별히 주목할 것은 출애굽 때와 마찬가지로 십
자가 사건 당시에도 유월절은 수요일이었다는 것이다. 그것
은 곧 그리스도의 재림이 있을 연도에도 유월절은 수요일이
될 것이며, 그해 나팔절은 토요일이 될 것임을 짐작케 한다.

유대인들은 안식일을 오해하여 일을 하지 않는 것에 촛
점을 맞추었다. 하지만, 안식일의 원래 취지는 성령의 임재
하에 거룩한 모임을 가지는 것에 있다. 거룩한 모임을 가지
기 위해서 단지 일을 쉬게 하신 것 뿐이다. 다시 말해서, 안
식일의 취지는 하나님의 백성들이 모두 모여서 하나님을 기
억하고 하나님의 구속사를 잊지 않는 것이다.

하나님께서는 달을 가리키셨는데 유대인들은 손가락만 쳐다본 셈이다. B.C. 313년 이후 잘못된 전통과 철학을 물려받은 교회, 그 결과 안식일과 절기를 잊은 기독교회도 혹시 손가락만 쳐다 보고 있는 것은 아닐까?

절기는 거룩한 백성의 모임을 위해 원래부터 하나님의 것이라는 사실을 다시 한번 주목해야 한다. 예수의 십자가 사건 이후 하나님 백성의 카테고리는 유대인을 넘어서 모든 이방 민족에게로 넓혀졌다. 이제는 예수의 피로 구별된 그리스도들인이 하나님의 거룩한 백성이 된 것이다.

레 23:1　　주께서 모세에게 일러 말씀하시기를

23:2　　"이스라엘 자손에게 고하여 그들에게 말하라. '너희가 거룩한 모임으로 선포할 주의 명절들에 관해서라. 이것이 나의 명절들이니라.

23:3　　육 일 동안은 일할 것이나 일곱째 날은 쉼의 안식일이니 거룩한 모임이 있느니라. 너희는 그 날에는 일하지 말라. 이것이 너희 모든 거처에서 주의 안식일이니라.

23:4　　주의 명절들은 이러하니, 곧 거룩한 모임으로 삼아 그들의 시기에 따라 너희가 공포할지니라.

다시 오실 때

유대력 6457년의 나팔절은 태양력으로 환산하면 2696년 9월 19일 토요일이 된다. 그런데, 왜 갑자기 뜬금없이 수백 년 뒤 A.D. 2696년을 언급하는 것일까?

서두에서 언급한 다니엘서 12장의 수수께끼 같은 예언을 이제 풀어보고자 한다.

성경에서 가장 난해한 책을 세 권 고른다면, 욥기, 다니엘 그리고 계시록이다. 주일 학교에서는 흥미진진한 다니엘의 사자굴 사건, 친구들의 풀무불 사건을 다루기 때문에 다니엘서가 친숙한 면이 있다. 하지만, 다니엘서에서 잘 다루어지지 않는 뒷부분의 예언을 읽어본다면 단연코 계시록보다 쉽지 않음을 알 수 있다.

다니엘과 계시록에 대한 해석은 교단의 수 만큼이나 다양하다. 그 해석들은 모두 틀리거나 하나만 맞을 수 있을 뿐, 모두 맞을 수는 없다. 그래서 열린 마음으로 연구할 필요가 있다.

자기 교단에서 배운 신학을 극복하고 열린 마음으로 검토하면 각 교단의 해석안에 진리의 편린들이 각각 조금씩 뿌려져 있음을 깨닫게 된다. 그리고 그 해석들 가운데서 비교적 설득력 있는 것들을 조합하면 하나님의 원대한 구속사를 더 잘 이해하게 된다.

다니엘서 12개 장 가운데서 1장, 2장, 3장, 4장, 5장, 6장은 큰 해석을 요구하지 않는다. 그 당시에 발생한 사건을 그냥 기록해 둔 것이기 때문이다.

다니엘 11장은 그 지나치게 자세한 예언의 형식으로 미루어 볼 때 천사의 예언이 아니고 후대에 삽입된 인간의 창작물일 가능성이 높다. 11장을 빼고 10장과 12장을 연결해 보면 그 결과가 확연히 보인다.

따라서, 다니엘서에서 특별히 해석을 요구하는 곳은 7장, 8장, 9장, 10장 및 12장이다. 계시를 받은 순서대로 다니엘서의 순서를 다시 정리하면 다음과 같다.

장	계시 연도	주요내용	해석 및 키워드
1	B.C. 605	바벨론 포로	믿음은 실천으로!
2	B.C. 603	느부갓네살의 꿈	금은철동 진흙 신상 바벨론 이후 제국의 흥망성쇠
3		풀무불 사건	그리 아니하실찌라도(단 3:18) 정금같은 믿음
4	B.C. 570	느부갓네살의 꿈	나무와 들짐승 하나님을 경외함 공의와 긍휼
7	B.C. 553	마지막 시대	사자 독수리 곰 표범 사람의 아들(인자) 한 때와 두 때와 반 때
8	B.C. 550	성전 파괴	숫양 숫염소 작은 뿔 2300주야
9	B.C. 539	메시아	70이레(70주)
5	B.C. 539	바벨론 멸망	사람의 손가락 메네 메네 데겔 우바르신
6	B.C. 538	사자굴 사건	살아계신 하나님
10		큰 전쟁	세마포 옷을 입은 사람 미가엘
11	B.C. 534		11장은 예언의 형태 및 구조상 후대에 10장을 두개로 나누고 중간에 삽입된 것으로 추정됨
12		마지막 시대	미가엘 한 때와 두 때와 반 때 1290일 그리고 1335일

Tishrei 1, 6457, in Jerusalem

다니엘 7장 - 마지막 시대

다니엘 7장은 B.C. 553년경에 받은 계시인데, 주요 키워드는 사자 독수리 곰 표범, 사람의 아들, 그리고 한 때와 두 때와 반 때이다.

사자, 곰, 표범 등에 대한 해석은 크게 두 가지로 나뉘는데 어떤 학자들은 다니엘 2장과 같은 바벨론, 메데-페르시아, 그리스, 로마로 해석한다. 이것을 역사적 해석이라고 한다.

하지만 다니엘 2장의 예언과 다니엘 7장의 예언이 계시된 시간은 무려 50년의 차이가 있다. 그래서 예언이 주어진 시점을 기준으로 예언을 다시 해석하면 다니엘 7장은 다니엘 2장과는 완전히 다른 예언으로 해석된다.

역사적 해석과 달리, 예언적 해석은 사자, 곰, 표범 등을 19~21세기 영국, 러시아, 미국 및 UN으로 해석한다.(피터럭크만, Peter S. Ruckman, 1921~2016)

비록 마지막 짐승의 비유인 UN에는 동의할 수 없지만

다니엘 7장을 인류의 마지막 시대 예언으로 해석한 것은 탁월한 해석임에 분명하다.

단 7:1   바빌론의 벨사살왕 원년에 다니엘이 자기 침상에서 한 꿈을 꾸고 머릿속에 환상들을 받고서 그가 그 꿈을 기록하고 그 일들의 실상을 말하니라.

7:2   다니엘이 고하여 말하였더라. 내가 밤에 환상을 보았는데, 보라, 하늘의 네 바람이 큰 바다로 불어 닥치더니

7:3   큰 짐승들 넷이 그 바다에서 올라오는데 서로 다르더라.

7:4   첫째는 사자 같고 독수리의 날개가 있는데, 내가 보니 그 날개가 뽑혔고 또 땅에서 들려서 사람처럼 발로 서 있게 되었으며, 또 사람의 마음을 받았더라.

7:5   또 다른 짐승을 보니, 둘째는 곰과 같고 그것이 몸 한쪽 편을 들어올렸는데, 그 입의 잇사이에 갈비뼈 세 대가 물려 있으며 그들이 그 짐승에게 이렇게 말하기를 "일어나서 많은 고기를 먹으라." 하더라.

7:6   이 일 후에 내가 보았더니, 보라, 또 하나는 표범과 같은데, 그 등에는 새의 날개 넷이 있고 그 짐승은 머리도 네 개가 있으며 권세를 받았더라.

7:7   이 일 후에 내가 밤에 환상들을 보았고 넷째 짐승을 보았는데, 두렵고 무서우며 힘이 매우 세고 또 철로 된 큰 이빨을 가졌더라. 그 짐승이 먹고 산산이 부수며 그 나머지는 발로 밟더라. 그 짐승은 먼저 있었던 모든 짐승들과 다르며 또 그 짐승은 열 뿔을 가졌더라.

7:8   내가 그 뿔들을 살펴보았더니, 보라, 그것들 가운데서 또 다른 작은 뿔이 나오더니, 먼저 나온 뿔 세 개가 그 앞에서 뿌리째 뽑혔더라. 또 보라, 이 뿔에는 사람의 눈 같은 눈이 있고 또 큰 일들을 말하는 입이 있더라.

7:9   내가 보았더니 보좌들이 넘어져 있고, 옛날부터 계신 분이 앉으셨는데, 그분의 옷은 눈같이 희고 그분의 머리털은 순전한 양모 같더라. 그분의 보좌는 불타는 불꽃 같고 그 바퀴들은 타는 불 같더라.

7:10   불 같은 강이 흘러 그분 앞에서 나오니 수백

만 명이 그분을 섬기고 수천만 명이 그분 앞
에 섰는데, 심판이 준비되었고 그 책들이 펼
쳐졌더라.

7:11 그 뿔이 말한 큰 말의 음성 때문에 그 때 내가
보았더니, 그 짐승이 죽임을 당하고 그의 몸이
파멸되며 타는 불꽃에 던져지는 것을 내가 보
았노라.

7:12 그 짐승들의 나머지에 관해서도 마찬가지로
그들이 그들의 권세는 빼앗겼으나 그들의 생
명은 한 시기와 때 동안 연장되었더라.

다니엘 7장이 마지막 시대 예언임을 증명하는 또다른 증
거는 인자(사람의 아들)라는 표현이다.

단 7:13 내가 밤에 환상들을 보았더니, 보라, 인자 같
은 분이 하늘의 구름들과 함께 오셔서 옛날부
터 계신 분께로 오시니 그들이 인자 같은 분을
그분 앞에 안내하였더라.

7:14 거기에서 그분께 통치권과 영광과 왕국이 주
어졌으니, 이는 모든 백성과 민족들과 언어들
로 그분을 섬기게 하려 함이더라. 그분의 통치

권은 사라지지 않을 영원한 통치권이며 그분
의 왕국은 멸망하지 않으리라.

인자(사람의 아들)라는 표현은 복음서에도 등장한다. 예
수께서 세상의 마지막 즉 재림의 상황을 예언하실 때 다니
엘 7장의 표현 즉 인자(사람의 아들)라는 표현을 쓰셨다.

눅 17:22 또 주께서 제자들에게 말씀하시기를 "그 날들
이 오리니 그때에는 너희가 인자의 날들 중 단
하루를 보고자 하여도 보지 못하리라.

17:23 그들이 너희에게 말하기를 '여기를 보라.' 또
는 '저기를 보라.'고 하더라도 그들을 좇아가
지도 말고 그들을 따르지도 말라.

17:24 마치 번개가 하늘 이편에서 번쩍여 하늘 저편
까지 비치는 것같이 인자도 자기의 날에 그렇
게 되리라.

17:25 그러나 먼저 그는 많은 고난을 받아야 하며,
이 세대에게는 버림을 받아야만 하리라.

17:26 노아의 날들에 일어났던 것같이 인자의 날들
에도 그러하리라.

17:27 노아가 방주에 들어가던 날까지 그들은 먹고,

마시고, 장가가고, 시집가고 하였으나, 홍수가
나서 그들을 다 진멸시켰느니라.

17:28   그것은 또한 롯의 날들에 일어났던 것과 마찬
가지라. 그들은 먹고 마시고, 사고 팔고, 심고
건축하였으나,

17:29   롯이 소돔에서 나가던 날 하늘에서 불과 유황
이 비오듯하여 그들 모두를 진멸시켰느니라.

17:30   이와 같이 인자가 나타나는 날에도 그러하리라.

또다른 증거는 다니엘 7장에 등장하는 한 때와 두 때와
반 때라는 예언이다. 이 표현은 다니엘 12장과 계시록 12장
에도 등장한다. 한 때와 두 때와 반 때는 계시록 11~13장에
기록된 일천이백육십일, 마흔두 달 등의 다른 표현이며, 결국
그리스도 재림전 마지막 대환난 3년 반으로 해석할 수 있다.

단 7:22   옛날부터 계신 분이 오시니 지극히 높으신 분
의 성도들에게 심판이 주어졌고 그 때가 이르
자 성도들이 그 왕국을 차지하더라.

7:23   그러므로 그분께서 말씀하시기를 "넷째 짐승
은 땅 위의 넷째 왕국이 되리니 그것은 모든
왕국들과 달라서 온 세상을 집어삼키고 밟아

서 산산조각을 낼 것이라.

7:24   이 왕국에서 나온 열 뿔은 장차 일어날 열 왕이며 또 하나가 그들 뒤에 일어나리라. 그는 먼저 있던 자들과는 다르며 그가 세 왕들을 복종시킬 것이라.

7:25   그가 지극히 높으신 분을 대항하여 큰 말을 하며 또 지극히 높으신 분의 성도들을 지치게 할 것이고 또 때와 법을 변경시키려고 생각할 것이라. 그들은 그의 손에 주어져서 한 때와 두 때와 반 때를 지내리라.

7:26   그러나 그 심판이 시작되리니 그들이 그의 권세를 빼앗아서 끝까지 그것을 소멸하고 멸망시키리라.

단 12:4   그러나, 오 너 다니엘아, 마지막 때까지 그 말씀을 닫고 그 책을 봉하라. 그 때에는 많은 사람이 이리저리 달릴 것이요 지식이 증가하리라." 하더라.

12:5   그때에 나 다니엘이 쳐다보았더니, 보라, 다른 두 사람이 서 있는데 한 사람은 강둑 이편에, 다른 사람은 강둑 저편에 서 있더라.

12:6   한 사람이 강물 위에 있던 세마포를 입은 사람

에게 말하기를 "이러한 이적들의 끝이 언제까지겠느냐?" 하더라.

12:7 내가 들으니, 강물 위에 있던 세마포를 입은 사람이 그의 오른손과 그의 왼손을 하늘로 들어올리고 영원히 사시는 분으로 맹세하기를 "한 때와 두 때와 반 때가 되리니, 그가 거룩한 백성의 권세를 흩어 버리는 것을 마치게 되면 이 모든 일이 끝나게 되리라." 하더라.

계 12:10 또 내가 들으니, 한 큰 음성이 하늘에서 말하기를 "이제 구원과 능력과 우리 하나님의 나라와 그의 그리스도의 권세가 임하는도다. 이는 우리 형제들을 우리 하나님 앞에서 밤낮 고소하던 그 고소자가 쫓겨났기 때문이니라.

12:11 그들이 어린양의 피와 자기들이 증거한 말로 그를 이겼으니, 그들은 죽기까지 자기들의 생명을 사랑하지 아니하였도다.

12:12 그러므로 너희 하늘들과 그 안에 거하는 너희는 즐거워하라. 땅과 바다에 사는 자들에게는 화 있으리라! 이는 마귀가 자기 때가 얼마 남지 않았음을 알고 크게 분노하며 너희에게로 내려갔음이라."고 하더라.

12:13   그 용이 자기가 땅으로 쫓겨난 것을 알고서 사
        내 아이를 출산한 그 여인을 박해하더라.

12:14   그때 그 여인이 큰 독수리의 두 날개를 받았는
        데, 이는 그녀가 광야에 있는 자기 처소로 날
        아가서 그곳에서 그 뱀의 낯을 피하여 한 때와
        두 때와 반 때를 부양받으려 함이더라.

12:15   그 뱀이 여인 뒤에다 자기 입에서 물을 홍수
        같이 쏟아 그 여인을 홍수에 떠내려가게 하려
        하되

12:16   그 땅이 그 여인을 도와 그 입을 벌려 용이 그
        입에서 쏟은 홍수를 삼켜 버리더라.

12:17   그러자 그 용이 여인에게 분노하여 여인의 씨
        가운데 남은 자들, 즉 하나님의 계명들을 지키
        며 예수 그리스도의 증거를 가진 자들과 싸우
        려고 나가더라.

인자(사람의 아들)라는 표현과 한 때와 두 때와 반 때라
는 공통 예언을 통해 유추해 볼 때, 다니엘 7장과 12장 그리
고 계시록 11~13장은 같은 시대를 위한 예언이며 결국 인
류의 마지막 시대 예언임을 알 수 있다.

다니엘 7장에서 마지막 시대에 대한 큰 그림이 주어진

뒤, 다니엘 8장 및 9장에서는 구속사의 관점에서 가장 중요한 사건 두가지가 예언된다. 그리고 다니엘 12장에서 마지막 시대가 다시 예언된다. 다니엘 7장과 다니엘 12장은 마치 샌드위치처럼 8장과 9장을 감싸고 있는 구조이다.

다니엘 8장 - 예루살렘 성전

8장에는 메대-페르시아, 그리스 이후 안티오코스 4세 에피파네스의 예루살렘 성전 파괴 예언이 주어진다. 8장 23~24절에 등장하는 악한 왕이 바로 안티오코스 4세 에피파네스로 해석된다. 역사적 기록으로 확인해 보면 이 사건은 B.C. 167년에 발생했다. 이후 마카비 가문의 노력으로 B.C. 164년 성전을 되찾고 그 때 만들어진 유대인의 고유 명절이 수전절이다.

다니엘 8장 14절에 등장하는 2,300주야는 마지막 시대 예루살렘 성전과 관련된 것으로 보이며 이와 관련해서 1948년 이스라엘 건국 및 제3성전 건립 추진 등을 유심히 살펴볼 필요가 있다. 일부 언론에서 다루어진 것처럼, 만약 예루살렘에 제3성전이 등장한다면 이는 다니엘 8장 2,300주야 예언과 관련된 것일 가능성이 크다.

단 8:1 처음에 나에게 나타났던 환상 이후 벨사살왕
의 치리 제삼년에 한 환상이 나에게 나타났으
니, 나 다니엘에게 나타났더라.

8:2 내가 환상 중에 보았고 내가 보았을 때 나는
엘람 지방에 있는 수산궁에 있었으며, 또 내가
환상 중에 보았더니 나는 울래 강가에 있었느
니라.

8:3 그때 내가 나의 눈을 들어 보았더니, 보라, 두
뿔을 가진 숫양 한 마리가 강 앞에 서 있는데
그 두 뿔은 길며 하나가 다른 것보다 더 길고
그 긴 것이 나중에 나왔더라.

8:4 내가 서쪽과 북쪽과 남쪽을 향하여 밀어붙이
는 숫양을 보았는데 그 앞에 설 짐승들이 없으
며 그 손에서 구해 낼 어떠한 것도 없으나 그
숫양은 자기 뜻대로 행하고 크게 되더라.

8:5 내가 숙고하고 있는데, 보라, 숫염소가 온 지
면의 서쪽에서부터 왔는데 땅에는 닿지 않았
고 그 염소는 양 눈 사이에 두드러진 뿔이 있
더라.

8:6 내가 강 앞에서 서서 보았더니 그 염소가 두
뿔을 가진 숫양에게로 와서 격분한 힘으로 그

에게 달려가더라.

8:7 또 내가 그를 보니 숫양에게 가까이 나와서 그에게 화를 내어 그 숫양을 받아 그의 두 뿔을 꺾으니 그 숫양에게는 염소 앞에 설 힘이 없더라. 그 염소가 숫양을 땅에 집어 던져서 짓밟아도 그의 손에서 숫양을 건져낼 자가 아무도 없었더라.

8:8 그러므로 그 숫염소가 매우 강대해지다가 강하게 되었을 때 그 큰 뿔이 꺾였고, 그 자리에 두드러진 뿔 넷이 하늘의 네 바람을 향하여 나왔음이라.

8:9 그중 한 뿔에서 작은 뿔 하나가 나와서 남쪽과 동쪽과 아름다운 땅을 향하여 심히 커지더니

8:10 하늘의 군대에 이를 만큼 커져서 군대와 별들 중에 얼마를 땅에 던지고 그것들을 짓밟더라.

8:11 정녕, 그는 자신을 군대의 통치자에게까지 높였으며 그로 인하여 매일 드리는 희생제도 없어지고 그의 성소의 처소도 허물어졌도다.

8:12 한 군대가 그에게 주어져서 죄과로 인하여 매일 드리는 희생제도 반대케 하며 그 작은 뿔이 진리를 땅에 던지고 마음대로 행하며 번성하

였더라.

8:13   그때 내가 한 성도가 말하는 것을 들었는데, 말하였던 그 어떤 성도에게 또 다른 성도가 말하기를 "매일 드리는 희생제와 멸망의 죄과, 즉 성소와 군대를 내어주어 발 아래 짓밟히게 하는 환상이 얼마나 오래가겠느냐?" 하니,

8:14   그가 나에게 말하기를 "이천삼백 일까지니, 그때에 성소가 깨끗하게 되리라." 하였더라.

8:15   나, 곧 나 다니엘이 환상을 보고 그 의미를 찾는데, 보라, 그때에 내 앞에 한 사람의 모습 같은 것이 섰더라.

8:16   내가 울래 강둑 사이에서 한 사람의 음성을 들었더니, 불러 말하기를 "가브리엘아, 이 사람에게 그 환상을 깨닫게 해주라." 하더라.

8:17   그리하여 내가 서 있는 곳에 그가 가까이 왔으니 그가 왔을 때 내가 두려워서 얼굴을 대고 엎드렸으나 내게 말하기를 "오 인자야, 깨달으라. 그 환상은 마지막 때에 있을 것임이라." 하였더라.

8:18   그가 나와 말하고 있을 때 내가 얼굴을 땅에 대고 깊은 잠이 들었으나 그가 나를 어루만져

일으켜 세우고

8:19 말하기를 "보라, 내가 진노의 마지막 끝에 있을 일을 네게 알게 하리라. 그 끝은 정한 때에 있으리라.

8:20 네가 본 두 뿔을 가진 그 숫양은 메디아와 페르시아의 왕들이요,

8:21 그 거친 숫염소는 그리스의 왕이며 그의 양 눈 사이에 있는 큰 뿔은 그 첫째 왕이라.

8:22 이제 그 뿔이 꺾이고 그 대신 그 자리에 네 뿔이 났으니 네 왕국이 그 민족에서 일어날 것이나 그의 권세에는 미치지 못하리라.

8:23 그들 왕국의 나중 때에 범죄자들이 가득 차게 되면 무서운 용모를 하고 난해한 문장들을 깨닫는 한 왕이 일어나리라.

8:24 그의 권세가 막강할 것이나 자기 자신의 권세에 의한 것은 아니니 그가 놀랍도록 파괴시킬 것이며 번성할 것이고 마음대로 행하며 강한 자들과 거룩한 백성을 멸하리라.

8:25 그의 지혜를 통하여 그가 자기 손에 기술을 늘려서 자기 마음속에 자신을 높이고 평화로 많은 것을 멸하리라. 그는 또한 통치자들 중의

통치자를 대적하여 설 것이나 그가 사람의 손
에 의하지 않고 부서지게 되리라.

8:26   이미 말했던 저녁과 아침의 환상은 참되나니,
그러므로 너는 그 환상을 알리지 말라. 이는
그것이 많은 날 동안 있을 것임이라." 하더라.

8:27   나 다니엘이 기절하여 며칠간 앓다가 그 후에
일어나서 왕의 업무를 행했더라. 내가 그 환
상에 놀랐으나 아무도 그것을 깨닫는 자가 없
더라.

성전 파괴와 재건축에 관한 예언이 중요한 것은 그리스
도 재림 전에도 성전이 존재해야 한다는 신약 성경 구절로
확인할 수 있다. 죄의 사람 곧 멸망의 아들이 하나님의 성전
에 앉기 전에는 그날이 도래할 수 없다고 기록되어 있다. 멸
망의 아들에 대한 해석도 교단마다 다르긴 하지만 결국 마
지막 시대에 특별한 어떤 존재가 등장하는데 예루살렘 성전
을 차지할 것으로 예측된다.

성령이 거하시는 그리스도인의 육체가 곧 성전이라는 사
도 바울의 표현도 있지만, 데살로니가 후서에 등장하는 성
전은 사도 바울 생전에 존재했던 예루살렘 성전임이 분명하
다. 성전과 회당, 예배당을 구분하지 못하는 성경지식으로는

하나님의 거대한 구속사를 이해하는데 한계가 있으므로 신실한 그리스도인들에게는 구약에 기록된 성막과 성전에 대한 심도있는 학습이 요구된다.

> 살후 2:3 아무도 어떤 모양으로든지 너희를 미혹하지 못하게 하라. 이는 먼저 배교하는 일이 이르지 않고, 또 그 죄의 사람 곧 멸망의 아들이 나타나지 않고서는 그 날이 오지 아니함이라.
>
> 2:4 그는 대적하는 자며, 또 하나님이라고 불리는 모든 것과 숭배받는 대상 위에 자신을 높여 하나님의 성전에 앉아 하나님처럼 보여 자신을 하나님이라고 하느니라.

Tishrei 1, 6457, in Jerusalem

다니엘 9장 – 예수의 십자가

9장에는 70이레(70주) 예언이 나오는데, 이는 메시아의 초림과 십자가 사건, 그리고 예루살렘 멸망에 대한 예언이다. 9장 26절이 십자가 사건과 예루살렘 멸망으로 해석된다.

단 9:21 곧 내가 기도로 말하고 있을 때 내가 처음에 환상에서 보았던 그 사람 가브리엘이 빨리 날아와서 저녁 예물을 드릴 즈음에 나를 어루만지더라.

9:22 그가 내게 알려 주며 나와 함께 말하였는데, 말하기를 "오 다니엘아, 내가 이제 네게 지혜와 명철을 주려고 나왔느니라.

9:23 네가 간구하기 시작할 때 명령이 나왔기에 내가 네게 알려 주려고 왔느니라. 이는 네가 크게 사랑을 받음이니, 그러므로 그 일을 깨닫고 그 환상을 숙고할지니라.

9:24   칠십 주가 네 백성과 네 거룩한 도성에 정해졌
        나니, 허물을 끝내고 죄들을 종결시키며 죄악
        에 화해를 이루고 영원한 의를 가져오며 그 환
        상과 예언을 봉인하고 지극히 거룩한 이에게
        기름부으려 함이라.

9:25   그러므로 알고 깨달으라. 예루살렘을 복원하
        고 건축하라는 그 명령이 나오는 때부터 메시
        아 통치자까지 칠 주와 육십이 주가 될 것이
        요, 그 거리와 그 성벽이 재건되리니, 곧 고난
        스런 때들이라.

9:26   육십이 주 후에는 메시아가 끊어질 것이나 자
        신을 위해서가 아니요, 또 장차 올 그 통치자
        의 백성이 도성과 성소를 파괴하리니 그 끝은
        홍수로 뒤덮일 것이요 그 전쟁의 끝에는 황폐
        함이 정해졌느니라.

9:27   그가 많은 사람들과 더불어 한 주 동안 언약을
        확정하고, 그 주의 중간에 그가 희생제와 예물
        을 금지시킬 것이요, 그는 가증함을 확산시킴
        으로 황폐케 하리니 진멸할 때까지 할 것이며,
        정해진 것이 황폐케 한 자에게 쏟아지리라."
        하더라.

역사적 기록으로 확인해 보면, 예수의 십자가 사건 이후 거룩한 도성 예루살렘의 멸망은 로마장군 티투스(Titus, 39~81)에 의해 A.D. 70년에 최종적으로 발생하였다.

Tishrei 1, 6457, in Jerusalem

다니엘 12장 - 카이로스 2696

다니엘 10장과 12장은 원래 하나의 연결된 예언인 것으로 추측되며 중요한 부분은 다니엘 12장에 기록되어 있다.

앞서 언급한 바와 같이 다니엘 12장은 7장과 같은 마지막 시대 예언인데 훨씬 더 상세하다. 죽은 자의 부활, 지식의 증가와 사람들의 빠른 이동이 예언되었으며, 7장에서와 마찬가지로 한 때와 두 때와 반 때의 기간이 언급되고 있다(단 12:7). 성경의 예언은 반복해서 주어지는 경우가 많은데 나중에 계시되는 예언이 조금 더 상세해지는 경향이 있다.

다니엘 12장의 마지막 부분에 1,290일 더하기 1,335일 도합 2,625일에 대한 예언이 나오는데, 이 부분이 마지막 때 즉 그리스도의 재림과 관련된 핵심 단서이다.

> 단 12:11 날마다 드리는 희생제가 폐지되고 멸망케 하는 가증한 것이 세워질 때부터 일천이백구십일이 될 것이니라.

| 12:12 | 기다려서 일천삼백삼십오 일에 이르는 자는 복이 있도다. |
| 12:13 | 그러나 너는 그 마지막이 이를 때까지 네 길을 가라. 이는 네가 설 것이요, 그 날들의 마지막에 네 땅에 설 것임이라. |

10대 때 바벨론으로 끌려와서 평생을 살얼음판 같은 곳을 걷다가 이제 80이 넘어 죽음을 얼마 남겨두지 않은 노년의 선지자 다니엘에게 마지막 시대 부활을 예고해 주는데, 구체적인 시기가 주어진 것이다. 쉰다는 것은 죽는다는 것이고, 마지막 날에 네 땅에 선다는 것은 부활을 약속하는 것이다.

예언의 핵심은 '날마다 드리는 희생제가 폐지되고 멸망케 하는 가증한 것이 세워질 때'이다. 단서가 될만한 것은 다니엘 8장과 다니엘 9장에 기록되어 있다.

둘 중에서 어느 사건이 다니엘 12장의 사건과 같은 것일까? 다니엘 8장, 9장 및 12장을 비교하면 다음과 같다.

| 단 8:12 | 한 군대가 그에게 주어져서 죄과로 인하여 매일 드리는 희생제도 반대케 하며 그 작은 뿔이 진리를 땅에 던지고 마음대로 행하며 번성하 |

였더라.

8:13 그때 내가 한 성도가 말하는 것을 들었는데, 말하였던 그 어떤 성도에게 또 다른 성도가 말하기를 "매일 드리는 희생제와 멸망의 죄과, 즉 성소와 군대를 내어주어 발 아래 짓밟히게 하는 환상이 얼마나 오래가겠느냐?" 하니,

단 9:25 그러므로 알고 깨달으라. 예루살렘을 복원하고 건축하라는 그 명령이 나오는 때부터 메시아 통치자까지 칠 주와 육십이 주가 될 것이요, 그 거리와 그 성벽이 재건되니, 곧 고난스런 때들이라.

9:26 육십이 주 후에는 메시아가 끊어질 것이나 자신을 위해서가 아니요, 또 장차 올 그 통치자의 백성이 도성과 성소를 파괴하리니 그 끝은 홍수로 뒤덮일 것이요 그 전쟁의 끝에는 황폐함이 정해졌느니라.

9:27 그가 많은 사람들과 더불어 한 주 동안 언약을 확정하고, 그 주의 중간에 그가 희생제와 예물을 금지시킬 것이요, 그는 가증함을 확산시킴으로 황폐케 하리니 진멸할 때까지 할 것이며, 정해진 것이 황폐케 한 자에게 쏟아지리라."

하더라.

단 12:11 날마다 드리는 희생제가 폐지되고 멸망케 하
는 가증한 것이 세워질 때부터 일천이백구십
일이 될 것이니라.

12:12 기다려서 일천삼백삼십오 일에 이르는 자는
복이 있도다.

12:13 그러나 너는 그 마지막이 이를 때까지 네 길을
가라. 이는 네가 설 것이요, 그 날들의 마지막
에 네 땅에 설 것임이라." 하더라.

다니엘 12장의 사건이 8장의 사건인지 아니면 9장의 사
건인지를 파악하는 것이 제일 어려운 부분이다. 그 해석 여
부에 따라 성도의 부활 연도가 달라지기 때문이다.

가장 중요한 단서는 다니엘 12장에 언급된 '날마다 드리
는 희생제가 폐지되고'라는 표현인데, 그렇다면 성전에서
날마다 드리는 희생제는 언제 폐지되었는가?

성전에서 희생제가 폐지되는 사건은 8장에서 예언된
B.C. 167년과 9장에서 예언된 A.D. 70년에 모두 발생하였
지만, A.D. 70년의 사건이 더 부합한다.

왜냐하면, 안티오코스 4세 에피파네스에 의한 B.C. 167년 성
전 파괴는 그 후 마카비 가문의 활약으로 극복되었지만, A.D.

70년 예루살렘 성전 파괴는 완전한 파괴 및 유대인들의 디아스 포라로 어어졌으므로 결국 A.D. 70년에 완전히 폐지된 것으로 보아야 하기 때문이다.

다니엘 예언에서는 특이한 것이 하나 더 있다. 인류의 장 기적인 구속사를 다루는 문제에서 날짜 단위의 예언이 등장 하는 것이다. 8장의 2,300주야, 9장의 70이레 그리고 12장 의 1,290일과 1,335일이 그러한 표현이다.

그 해석의 실마리는 구약에서 찾아야 한다. 하나님께서 모세와 에스겔 선지자에게 하루를 일 년으로 환산하는 계시 를 주신 경우를 확인해 보자.

민 14:34　너희가 그 땅을 탐지한 날수를 따라, 곧 사십 일의 하루를 일 년으로 하여 사십 년간 너희가 죄악을 질지니, 그리하여 너희가 나의 약속의 파기를 알리라.' 하라.

겔 4:4　너는 또 왼편으로 누워서 이스라엘 집의 죄악 을 그 위에 놓되 네가 그 위에 눕는 날수대로 그들의 죄악을 담당할지니라.

4:5　내가 그 날수대로 그들 죄악의 연수를 네게 두 었나니 삼백구십 일이라. 이렇게 너는 이스라 엘 집의 죄악을 담당할지니라.

4:6 네가 그 날수를 채우거든 너는 다시 네 오른편
으로 누워서 너는 사십 일 동안 유다 집의 죄
악을 담당할지니라. 내가 네게 하루를 일 년으
로 정하였느니라.

모세와 에스겔의 사례로 유추해 볼 때, 다니엘서 12장의
예언은 인류 역사 전체를 위한 거대한 청사진이므로 일 년
을 하루 단위로 축소 계시한 것으로 추측할 수 있다. 망원경
과 현미경에서 사용하는 단위는 다를 수 밖에 없는 것과 비
슷하다.

이제 다니엘 9장의 단서를 활용하여, 다니엘 12장의 예
언을 해석하고 정리하면 다음과 같다.

**예루살렘이 멸망하고 1,290년+1,335년이 지나면 마지막
이 이르고 성도의 부활이 시작될 것이다.**

A.D. 70+1,290년+1,335년=A.D. 2696

그런데 왜 A.D. 2695년이 아니고 A.D. 2696년일까?

그것은 하나님의 연도 계산을 따라 1,290년과 1,335년을
다 채우면, 태양력으로는 2696년 3월 25일에 끝나기 때문이
다. 앞에서 언급한 것처럼 하나님께서 명하신 한 해의 시작

은 태양력 3~4월경인 아빕(니산)이다. 따라서 그리스도의 재림은 2696년 3월 26일(아빕/니산 1일, 유대력 6456년)부터 시작되는 1년을 주목해야 한다.

하나님의 연도 계산법을 따르지 않고 유대인의 새해 기준 또는 태양력을 기준으로 해석하면 A.D. 2695년이 되어 결국 1년의 오차가 발생한다. 유대인들이 신년의 기준을 1월인 아빕(니산)에서 7월인 티쉬리로 바꾸면서 봄 유월절과 가을 나팔절이 2개 년도에 걸치기 때문이다.

Tishrei 1, 6457, in Jerusalem

초승달이 뜰 때 🌙

퍼즐을 완성하기 위한 마지막 단서는 구약성경 레위기에서 찾아야 한다. 레위기 23장에 하나님께서 친히 정하신 하나님의 명절은 이스라엘의 출애굽뿐만 아니라 모든 민족을 위한 하나님의 구원 과정을 1년 안에 요약하여 둔 청사진임을 언급한 바 있다.

첫 번째 절기 유월절은 유대 종교 달력 1월 즉 아빕(니산) 14일 저녁인데, 이스라엘 민족이 이집트에서 탈출한 사건을 기념하는 축제일이다. 태양력으로는 대략 4월 초순인 봄이다.

출애굽시 이집트에 마지막 재앙이 내릴 때, 어린 양의 피를 문설주에 바른 이스라엘 사람들에게는 죽음의 재앙이 비켜갔다. 진짜 양의 피를 사용하여 이스라엘 백성을 이집트에서 구원하신 것은, 예수님의 피로 인류를 죄에서 구원하시는 것의 예고편이었던 것이다.

두 번째 절기 무교절은 아빕(니산) 15-21일까지 일주일인데, 이집트 탈출 당시 급히 만든 빵을 먹었던 일을 기억하는 절기이다. 급히 빵을 만들다 보니 누룩을 넣고 발효시킬 시간이 없었다. 무교절의 핵심은 누룩 없는 빵이다.

세 번째 절기 초실절은 무교절 안식일 다음날인데, 이때는 보리 수확의 첫 열매를 봉헌한다. 날짜로는 아빕(니산) 16일이며, 초실절의 핵심은 첫 열매다.

네 번째 절기 칠칠절(오순절)은 무교절부터 50일째 되는 날로써, 밀수확의 첫 소산을 드리며 풍성한 수확을 감사 드린다. 칠칠절(오순절)의 핵심은 풍성한 수확이다. 거룩한 절기는 다가올 것들의 그림자라는 성경의 기록은 그 절기를 따라 하나님의 역사가 이루어진다는 뜻이다.

골 2:16　그러므로 음식으로나 마시는 것으로나 거룩한 날이나 새 달이나 안식일들에 관해서는 아무도 너희를 판단하지 못하게 하라.

2:17　이런 것들은 다가올 것들의 그림자이나 몸(본체)은 그리스도의 것이니라.

먼저, 유월절 어린 양의 피는 그리스도께서 십자가에서 흘린 보혈로 완성되었다. 무교절의 누룩 없는 빵은 죄없는 그리스도를 의미한다. 바리새인들과 서기관들의 누룩을 조심하라는 말씀처럼, 누룩없는 빵은 곧 진리요 생명이신 그리스도의 몸을 의미한다. 그리스도는 육신을 입고 이 땅에 오셨으나 우리 인간들과는 달리 죄는 없는 분이시다. 그리고 사흘만에 부활하셔서 초실절을 완성하시고, 부활의 첫 열매가 되셨다.

예수께서 승천하실 때 성령께서 임하실 것을 기다리라고 하셨는데, 오순절(칠칠절) 성령강림으로 폭발적인 회심의 사건이 있었고 이는 곧 풍성한 수확의 시작으로 볼 수 있다.

만약 예수께서 십자가를 통해 7개 절기 중 3개를 완성하시고 승천하신 것으로 본다면, 그리고 뒤이은 오순절(칠칠절) 성령강림으로 네 번째 절기가 완성된 것으로 본다면, 재림하실 때는 당연히 가을 나팔절부터 시작하여 대속죄일 그리고 장막절(초막절)을 완성하실 것으로 추측할 수 있다.

다섯 번째 절기 나팔절은 유대 종교 달력 7월 즉 티쉬리 1일인데 특이하게도 나팔을 분다. 나팔절은 대속죄일의 준비과정이며, 태양력으로는 9~10월이다. 나팔을 부는 것을 하나의 절기로 만들어 둔 것이 이상하기도 하고 오묘하기도 하다. 무엇을 기념하는 것일까?

여섯 번째 절기 대속죄일은 나팔절 후 10일이 지난 티쉬리 10일인데, 유대 절기 중 가장 엄숙한 날이다.

대제사장이 이스라엘 온 백성을 위해 국가적인 속죄를 드리는 날인데, 두 마리의 염소를 취해서 한 마리는 하나님께 속죄제물로 드리고, 다른 한 마리는 이스라엘 백성의 죄를 짊어지고 광야로 추방되었다. 구원과 심판의 의미를 가진 상징들이다. 대속죄일은 일 년의 심판을 마무리하는 의미에서 구속사적으로는 인류의 최후 심판을 의미한다.

일곱 번째 절기 장막절(초막절)은 티쉬리 15일부터 일주일간인데, 출애굽 후 광야 장막 생활을 기념한 절기이다. 장막절의 핵심은 하나님께서 함께 하신다는 것이며 일주일 동안 무려 70마리의 소를 번제로 드린다(민 29장).

제사를 드리고 남은 것을 먹는 것도 아니고 무려 70마리의 소를 모두 태운다니 뭔가 좀 이상하지 않은가?

70마리의 소는 특별한 의미가 있는데 세상 모든 나라 즉 열방을 의미한다. 창세기 노아방주 사건 후 기록된 후손들의 족보를 살펴보면 모두 70민족이 발생했음을 알 수 있다(창 10장). 그래서 70마리의 소를 번제로 드린 것은 세상 모든 민족을 구원하시겠다는 하나님의 예고편이었던 것이다.

현대인들은 짐승의 번제에 대해서 반감을 가지고 있다. 그러나 번제의 핵심이 인간의 죄를 짐승에게 전가하는 안수 과정임을 깨닫고 나면, 죄를 조금도 용납할 수 없는 하나님의 거룩하심을 깨닫게 된다. 그래서 회개는 제자들의 완전한 자기 부인(Self-denial)을 요구한다.

눅 9:23 또 그들 모두에게 말씀하시기를 "누구든지 나를 따라 오려거든 자기를 부인하고 날마다 자기 십자가를 지고 나를 따르라.

9:24 누구든지 자기 생명을 구하고자 하면 잃을 것이요, 누구든지 나를 위하여 자기 생명을 잃으면 구하리라.

9:25 사람이 온 세상을 얻고도 자기 자신을 잃거나 버림을 받게 되면 무슨 유익이 있겠느냐?

9:26 나와 나의 말들을 부끄럽게 여기는 사람은 누구든지 인자가 자신과 아버지와 거룩한 천사들의 영광으로 올 때에 그 사람을 부끄럽게 여기리라.

칠칠절(오순절)이 끝나고 약 4개월이 지난 가을부터 시작되는 나팔절, 대속죄일, 장막절은 연결되어 있는데, 성경에 예언된 미래의 일들과 정확히 궤를 같이하고 있다는 사실에 주목할 필요가 있다. 그리스도의 재림은 나팔소리와 함께 일어날 것이라는 기록을 성경 여러 곳에서 찾아볼 수 있다.

마 24:30 그 후에 하늘에 있는 인자의 표적이 나타나리니, 땅의 모든 지파들이 통곡할 것이며, 또 그들은 인자가 권세와 큰 영광으로 하늘의 구름을 타고 오는 것을 보리라.

24:31 또 주께서 큰 나팔 소리와 함께 천사들을 보내시리니, 그들이 하늘 이편 끝에서 저편 끝까지 사방에서 그의 택하신 사람들을 함께 모을 것이라.

행 1:9 주께서 이런 일들을 말씀하신 후에 그들이 보는 데서 위로 들려 올라가시니 구름이 그들의 시야에서 주를 가리더라.

1:10 주께서 올라가실 때에 그들이 하늘을 주시하고 있는데, 보라, 흰 옷을 입은 두 사람이 그들 곁에 서서

1:11 말하기를 "너희 갈릴리 사람들아, 어찌하여 너희는 하늘을 쳐다보고 서 있느냐? 너희를 떠나 하늘로 들려 올라가신 바로 이 예수는 너희가 하늘로 가심을 본 그대로 오시리라."고 하더라.

계시록 19장 및 20장에 기록된 예언은 최후 심판인데, 이로써 대속죄일이 완성될 것이다.

> 계 20:11 또 내가 큰 백보좌와 그 위에 앉으신 분을 보니, 그의 면전에서 땅과 하늘이 사라졌고 그들의 설 자리도 보이지 않더라.
>
> 20:12 또 내가 죽은 자들을 보니, 작은 자나 큰 자나 하나님 앞에 서 있는데, 책들이 펴져 있으며 또 다른 책도 펴져 있는데 그것은 생명의 책이라. 죽은 자들은 자기들의 행위에 따라 그 책들에 기록된 대로 심판을 받더라.
>
> 20:13 바다도 그 안에 있던 죽은 자들을 넘겨주고 또 사망과 지옥도 그들 안에 있던 죽은 자들을 넘겨주니 그들이 각자 자기들의 행위에 따라 심판을 받으며

그리고 뒤이은 계시록 21:3에 기록된 하나님의 성막은 장막절의 완성으로 해석할 수 있다.

> 계21:1 또 내가 새 하늘과 새 땅을 보니, 처음 하늘과 처음 땅은 사라지고, 바다도 더 이상 있지 아

니하더라.

21:2 나 요한은 거룩한 도성 새 예루살렘이 하나님
께로부터 하늘에서 내려오는 것을 보았는데
마치 신부가 자기 남편을 위하여 단장한 것같
이 예비되었더라.

21:3 또 내가 들으니, 하늘에서 큰 음성이 나서 말
하기를 "보라, 하나님의 성막이 사람들과 함께
있어 그분께서 그들과 함께 거하시리니, 그들
은 그분의 백성이 되고 하나님께서는 친히 그
들과 함께 계셔서 그들의 하나님이 되시리라.

21:4 하나님께서 그들의 눈에서 모든 눈물을 닦아
내시며, 다시는 사망이나 슬픔이나 울부짖음
이 없고 고통 또한 없으리니, 이는 이전 것들
은 다 사라져 버렸음이라"고 하더라.

이제 해석의 마지막 단계로 나아가 보자.

앞서 해석한 것처럼 만약 그리스도의 재림이 나팔절에
진행된다면 그 때 하늘의 나팔 소리는 언제일까?

바벨론 포로생활에서 돌아온 후, 유대인은 가을 나팔절
(욤테루아)을 로쉬 하샤나라고 하며 한 해의 시작으로 바꾸
었다. 그리고 나팔절 일출과 함께 쇼파르(양각 나팔)를 불

어 한 해의 시작을 기념한다. 단, 나팔절이 정기 안식일인 토요일과 겹치게 되는 날에는 나팔을 불지 않고 그 다음날인 일요일에 나팔을 분다. 그것은 유대인의 종교법인 할라카 (Halakah)에 의해 도구를 사용하지 않는다는 안식일 규정을 지키기 위한 것이다.

하지만, 앞서 언급한 것처럼 안식일의 목적은 거룩한 모임에 있는 것이므로 안식일 규정을 지키기 위해서 나팔을 불지 않는 것은 유대인의 경직된 율법해석이다. 따라서, 그리스도께서 재림하실 때는 유대인의 잘못된 율법해석에 얽매이지 않고 나팔절(욤테루아)에 나팔이 울려퍼질 것으로 예상된다. 유대인들은 한 해의 시작을 기념하며 나팔을 불지만, 원래 나팔절 나팔의 진정한 의미는 왕의 행차를 예고하는 것이기 때문이다. 결국, 레위기 23장에 계시된 나팔절의 나팔소리는 과거도 아니고 한 해의 시작도 아닌 미래 곧 진정한 왕이신 그리스도의 재림을 기념하는 것이었다!

과학이 발달하기 전에는 유대력 티쉬리(Tishrei) 1일 전날 저녁 즉 '로쉬 하샤나 이브'(Rosh Hashanah Eve)에 초승달을 확인하는 것이 전통적으로 매우 중요했다. 왜냐하면 초승달은 항상 서쪽 하늘에서 일몰 직후 아주 짧은 시간 동안만 관찰되기 때문이다.

초승달은 매우 얇고 희미하기 때문에 맑은 하늘과 깨끗

한 지평선이 필요했다. 일몰 직후 두 명 이상의 증인이 초승달을 관측하고 산헤드린에 가서 자신이 본 것을 증언했다. 산헤드린이 증인의 보고를 검토하고 새로운 달의 시작을 선언하면, 이 선언은 나팔(Shofar) 소리와 함께 예루살렘을 통해 전파되었다. 전파되는데 시간이 소요되었으므로 유대인들은 나팔절에 이틀 쉰다.

오늘날 유대교에서는 주로 천문학적 계산에 기반하여 새로운 달의 시작을 결정한다. 이는 현대 과학 기술의 발달로 인해 매우 정확한 달력 계산이 가능해졌기 때문이다. 그러나 일부 유대인 공동체, 특히 정통파와 초정통파 유대인들은 여전히 전통적인 초승달 관측을 중요하게 여긴다.

이제 마지막으로 구약 성경 스가랴에 기록된 예언을 보자. 14장 4절에 올리브 산으로 강림하시는 그리스도가 예언되고 있으며, 14장 7절에 보면 저녁 무렵에 빛이 있게 되리라고 기록되어 있다. 사도행전 1장에 기록된 그리스도의 승천 장소는 올리브산이었다!

슥 14:3　그때에 주께서 나가 그 민족들을 대적하여 싸우시리니, 전쟁의 날에 싸우셨을 때처럼 하시리라.

14:4　그의 발이 그 날에 예루살렘 앞 동편에 있는 올리브 산 위에 서시리니, 올리브 산은 그중간

이 동쪽과 서쪽으로 갈라져 매우 큰 골짜기가 생길 것이며, 산의 절반은 북쪽으로, 산의 절반은 남쪽으로 옮겨지리라.

14:5　너희는 산들의 골짜기로 도망하리니, 이는 산들의 골짜기가 아살까지 미칠 것임이라. 정녕 너희가 도망하리니, 마치 유다의 웃시야왕의 시대에 너희가 지진 앞에서 도망했던 것과 같으리라. 주 나의 하나님께서 오시리니, 모든 성도들이 주와 함께하리이다.

14:6　그 날에는 빛이 명료하지 아니하고 어둡지도 아니하리라.

14:7　그러나 주께 알려질 한 날이 있으리니, 낮도 아니요 밤도 아니나 저녁 무렵에 빛이 있게 되리라.

이상의 모든 해석을 취합하여 결론을 내리면 다음과 같다.

1. 유대력 6457년 나팔절 저녁(Rosh Hashanah Eve) 예루살렘에 초승달이 뜰 때, 하늘에서 나팔이 울려퍼질 것으로 추측된다. 태양력으로 환산하면 2696년 9월 18일 저녁 7시 쯤이다.

2. 그리스도의 재림이 나팔 소리와 동시에 진행될 지, 나팔 소리가 끝난 후 진행될 지는 명확하지 않으나 시간차

가 그리 크지는 않을 것으로 추측된다.

카이로스 2696 !!!

2696년 가을 하나님의 절기를 유대 종교력과 태양력으로 각각 정리하면 다음과 같다.

유대력	일	월	화	수	목	금	토
6457년 티쉬리						저녁 초승달	1일 나팔절
	2일	3일	4일	5일	6일	7일	8일
	9일	10일 대속죄일	11일	12일	13일	14일	15일 장막절
	16일	17일	18일	19일	20일	21일	22일 쉐미니 아쩨레트
	23일	24일	25일	26일	27일	28일	29일

태양력	일	월	화	수	목	금	토
2696년 9월 ~ 10월						9/18 저녁 초승달	9/19 나팔절
	9/20	9/21	9/22	9/23	9/24	9/25	9/26
	9/27	9/28 대속죄일	9/29	9/30	10/1	10/2	10/3 장막절
	10/4	10/5	10/6	10/7	10/8	10/9	10/10 쉐미니 아쩨레트
	10/11	10/12	10/13	10/14	10/15	10/16	10/17

요한 계시록에 기록된 마지막 시대의 일정은 그리스도 재림전에 큰 전쟁이 있고(계 19장), 천년왕국이 진행되고(계 20장), 그 천년왕국의 끝에 새 하늘과 새 땅이 도래하는 것으로 구성되어 있다(계 21~22장).

티쉬리 1일 나팔절에 왕이신 그리스도께서 다시 오시고, 10일 대속죄일이 최후 심판으로 완성된다면, 15일부터 진행되는 일주일의 장막절은 천년왕국의 그림자로 볼 수 있다. 특히 장막절 마지막 제8일째는 다시 안식일이 있는데(레 23:36, 레 23:39), 이 특별한 안식일은 천년왕국이 지난 후, 불완전한 이전 것들이 다 사라진 완전한 회복과 안식을 의미한다.

유대인들은 1년에 한번 토라를 읽도록 정해두었는데, 장막절 8일째 마지막 부분을 읽는다. 그리고 그 다음날 부터 새로 토라를 읽기 시작하는데 이를 심카토라(토라를 기뻐하다라는 뜻)라고 한다. 장막절 제8일째를 유대인들은 쉐미니 아쩨레트(Shemini Atzeret, 장엄한 대회)라고 하며 토라의 중요성을 다시 인식한다.

안타깝게도 '예수 그리스도를 통한 만백성의 구원!'이라는 하나님의 큰 그림을 이해하지 못하는 유대인들은 결국 1년이라는 쳇바퀴를 벗어나지 못하는 한계를 가진다.

십자가를 이해하지 못하는 유대인들은 하나님의 절기를

통해 지나간 과거를 회상할 뿐이지만, 그리스도의 십자가 은혜를 깨달은 이방인들은 하나님의 절기를 통해 미래를 바라볼 수 있다. 기독교가 하나님의 절기를 다시 기억해야 하는 결정적인 이유다!

혹자는 성경의 다음 구절을 들어 그리스도의 재림에 대한 해석 자체를 거부하는 경향이 있다. 다미선교회 같은 이단들이 거짓 계시를 근거로 일으킨 사회적 악영향 때문에 더욱 그러하다.

행 1:3 예수께서 고난을 당하신 후 자신이 살아 계심을 그들에게 많은 무오한 증거들로 보여 주시고 사십 일 동안 그들에게 보이시며 하나님의 나라에 관한 일들을 말씀하셨노라.

1:4 또 사도들과 함께 모이셨을 때에 그들에게 예루살렘을 떠나지 말고 아버지의 약속을 기다려야 한다고 명령하셨으니 주께서 말씀하시기를 "그것은 너희가 내게서 들은 바니라.

1:5 요한은 정녕 물로 침례를 주었으나 너희는 여러 날이 지나지 않아 성령으로 침례를 받으리라."고 하시더라.

1:6 그러므로 그들이 함께 모였을 때에 주께 물어

말씀드리기를 "주여, 이 때에 이스라엘에 그
왕국을 다시 회복하시겠나이까?" 하니

1:7   주께서 그들에게 말씀하시기를 "너희에게는
그 때나 시기를 알게 하신 것이 아니요, 아버
지께서 자신의 권한에 두셨느니라.

1:8   그러나 성령께서 너희에게 임하시면 너희가
능력을 받으리니 그러면 예루살렘과 온 유대
와 사마리아와 땅 끝까지 이르러 내게 증인이
되리라."고 하시니라.

1:9   주께서 이런 일들을 말씀하신 후에 그들이 보
는 데서 위로 들려 올라가시니 구름이 그들의
시야에서 주를 가리더라.

그리스도께서 승천하실 때 제자들이 하나님 나라의 회복
에 대해서 물어본 것인데, 이 말씀을 제대로 이해하기 위해
서는 그 당시 유대인들의 상황을 알아야 한다.

예수의 십자가 사건 당시 유대인들은 로마의 식민 지배
하에 있었고 그들에게 있어서 하나님 나라는 정치적 메시아
의 등장 및 이스라엘의 정치적 회복을 포함하는 것이었다.
따라서, 에세네파 및 열심당의 영향을 받은 그 당시의 제자
들도 다분히 이스라엘의 정치적 독립이 수반된 하나님 나라

의 회복을 물어본 것이다.

하지만, 승천을 얼마 남겨두지 않은 예수께서는 그들의 편협한 하나님 나라에 대한 이해를 무시하시고 그냥 너희는 나의 증인이 되라고만 말씀하셨다. 그리스도의 제자들도 그 때는 달 대신 손가락만 쳐다보고 있었다.

역사의 큰 그림은 하나님 손에 있는데, 하나님께서는 이미 구약에서 다니엘, 에스겔, 스가랴 등 여러 선지자들을 통해 그 전체적인 그림을 계시해 주셨고, 신약시대에는 그리스도께서 요한을 통해 아주 상세한 계시를 주셨다. 그리고 앞에서 살펴본 것처럼 구약의 예언과 신약의 예언은 한 때와 두 때와 반 때라는 고리로 연결되어 있음을 확인하였다.

역사적 배경과 전후 상황을 고려해서 말씀의 문맥을 파악해야 하는데, 성경의 문자에만 고집하면 말씀과 예언을 제대로 이해할 수 없다. 성경 문자주의자들이 흔히 범하는 오류이다. 선입견을 버리고 성경과 역사적 사실로 검증하는 배움의 자세는 하나님의 역사를 바르게 이해하는데 꼭 필요한 태도이다.

앞에서 출애굽과 십자가 사건의 요일별 일정을 살펴보았고, 두 번 모두 같은 요일에 발생한 것을 확인할 수 있었다. 두 번의 사례로 비추어 볼 때, 예수께서 다시 오실 그 때도 하나님의 절기는 같은 요일을 공유할 것이다.

창조의 원리 안에 정교한 수학 법칙이 있는 것처럼, 인류 구속사도 수천년에 걸쳐 반복되는 달의 패턴을 따라 진행되고 있다. 이것은 영원부터 영원까지 살아계신 하나님과 태초부터 하나님과 함께 계셨던 독생자 예수로부터만 가능한 일이다!

2696년 9월 초승달이 뜨는 그날 밤에는 많은 사람들이 깨어있기를 소망한다.

Tishrei 1, 6457, in Jerusalem

부록 1 - 창조 선언 안에는

　　히브리어 알파벳은 철자마다 숫자가 부과되어 있는데, 히브리어 철자를 보고 숫자를 계산하여 숨겨진 뜻을 알아내는 방법을 '게마트리아'(Gematria)라고 한다. 은유 또는 비유의 한 가지로 볼 수 있으며, 게마트리아 중에서 제일 유명한 것은 계시록의 666이다.

　　신약 성경 다른 곳에도 게마트리아 흔적이 있는데, 대표적인 것이 마태복음에 등장하는 예수그리스도의 족보이다.

　　아브라함부터 다윗까지 14대, 다윗부터 바벨론 유수까지 14대, 바벨론 유수부터 예수그리스도까지 14대라는 표현이 나오는데, 여기에 등장하는 숫자 14는 다윗의 히브리 표기를 숫자로 환산한 것이다.

　　마태복음 주요 독자층이 유대인 그리스도인이었으므로 이는 유대인들을 위한 마태의 배려였다. 다윗의 후손으로 오신 메시아 예수 그리스도를 설명하기 위한 도입부인데, 유대인들은 14라는 숫자를 보면 다윗을 떠올린다고 한다.

요한복음에는 물고기 153마리라는 표현이 등장한다. 요한복음 21장에 부활하신 그리스도께서 고기 잡는 제자들을 찾아오시는 내용이 기록되어 있는데, 그 때 제자들이 잡은 물고기의 숫자가 153마리이다. 많은 물고기라고 해도 될텐데 굳이 153마리라고 언급한 것은 왜일까?

이것은 하나님의 아들들이라는 히브리 표현 '베니 하 엘로힘'의 숫자값과 일치하는데, 제자들이 장차 복음을 전하여 하나님의 아들들을 불러 모을 것을 암시한다는 해석이 있다.

성경의 기록이 무미건조한 증언들로만 구성되어 있지 않고, 저자들의 개성을 반영한 문학적 표현이 많음을 고려할 때 충분히 가능한 일이다. 복음서 곳곳에 등장하는 예수님의 비유와 언어유희를 본다면 인간과 소통하시는 하나님의 촌철살인같은 은유를 느낄 수 있다.

그렇다면 성경 어딘가에 그리스도의 초림 및 재림과 관련된 게마트리아 단서도 감추어져 있는 것은 아닐까?

이 부록에서는 창세기 1:1의 선언이 그러한 게마트리아 단서를 포함하고 있다고 추론한다.

먼저, 그리스도의 탄생 시기를 살펴보자.

헤롯왕 사망 시기인 B.C. 4년일 것이라는 주장이 제일 널리 알려져 있다. 하지만, B.C. 4년 탄생설은 십자가 사건 후

약 500년이 지난 중세 때 제한적으로 주어진 역사적 기록에 근거한 계산이므로 정확도가 떨어진다.

중세 성직자들의 몰상식한 교리들, 예를들면 빵과 포도주가 입으로 들어가는 순간 실제 예수의 살과 피로 변한다는 화체설이나 마리아가 죄없는 상태로 임신했다는 무염시태설 등을 통해 볼 때, 중세 성직자들과 신학자들의 주장은 덮어놓고 믿기전에 성경과 역사적 기록을 통해 반드시 검증해 볼 필요가 있다. 전통 중에는 생각보다 엉터리가 많기 때문이다. 신앙은 상식을 넘어서지만 몰상식해서는 안된다.

컴퓨터 기술이 급속히 발전한 21세기 들어서, B.C. 6년 이야르 28일(태양력으로는 5월 15일)이 예수의 실제 탄생일이라는 새로운 해석이 제시되었다. 이 주장은 유진 폴스티히(Eugene W. Faulstich, 성경 연대기 연구가)의 해석인데, 한국에서는 성경과학연구소 153쉘터교회 김명현 박사님의 강의를 통해서 그 구체적인 내용을 접할 수 있다.

이 해석의 근거는 동방 박사 이야기에 나오는 별들의 움직임이 854년마다 발생하는 목성과 토성의 특별한 움직임이며, 이러한 현상이 발생한 것은 B.C. 7년임을 밝히고 있다. 천문학과 이를 재현할 수 있는 컴퓨터 기술의 발전이 있었기에 가능한 일이다. 따라서 B.C. 6년 그리스도 탄생설은 중세시대에 제시된 B.C. 4년 탄생설보다 더 나은 과학적 해석임에 분명하다.

만약, 그리스도의 탄생이 B.C. 6년이고, 재림이 본문에서 해석한 것처럼 A.D. 2696년이라면 그 시간적 간격은 얼마나 될까?

$$6+2696-1= 2701$$

1을 빼는 이유는 기원 0년이 없기 때문이다. 따라서, 초림과 재림의 시간적 간격은 2701년으로 추측된다.

이제 창세기 1:1로 가 보자.

창세기 1:1의 히브리 발음은 뻬레쉬트 빠라 엘로힘 엩 하솨마임 베엣 하아레츠이다. 히브리 철자로는 모두 일곱 단어로 구성되어 있는데, 이와 관련된 특별한 게마트리아 해석을 찾아볼 수 있다.

창 1:1의 숫자 값 안에는 베스티기움 트리니타티스 (Vestigium Trinitatis, 삼위일체)라고 볼 수 있는 놀라운 숫자적 질서가 존재한다.

7단어 문자 값의 합은 2701이다. 이 2701은 73번째 삼각 수(즉 1+2+----+73)이다. 이 삼각형의 삼각변의 합은 216=6*6*6=정육면체 수인데, 이 수는 부피값과 표면적이 동일한 유일한 수이다.

혹시 이것은 하나님의 형상을 닮은 인간의 창조에 대한 웅변적 계시는 아닐까? 즉 삼위일체의 흔적을 수학의 질서에 대비시킬 수 있게 된다. – 창조신학연구소

창세기 1:1의 기록이 창조신학연구소의 주장처럼 삼위일체의 오묘함을 계시한 것인지, 아니면 이 부록이 다루는 것처럼 그리스도의 초림과 재림 사이의 기간을 함축한 것인지, 아니면 둘 다 모두인지 알 수는 없다. 하지만, 수학자들의 주장처럼 2,701이라는 삼각수는 매우 특별한 숫자임에 분명하다. 일곱 단어로 구성된 창조 선언 문자는 매우 특이한 숫자를 함축하고 있는 것이다.

과학이 발전할수록 우주의 창조 원리는 오묘한 수학적 질서로 이루어져 있음이 밝혀지고 있다. 성경은 하나님을 사랑하는 사람들의 신앙 고백을 기록한 것이므로 과학적 서술은 아니다. 하지만, 선지자 에스겔이 기록으로 남긴 성전의 청사진에서 우리는 놀라우리만치 정교한 건축적 서술을 보기도 한다(겔 40~48장). 텍스트만으로 이루어진 에스겔 성전을 그림으로 표현하면 인도의 타지마할을 넘어서는 최상의 미학적 결과물을 확인할 수 있다(참고 도서: 『여호와 삼마 에스겔 성전』, 박윤식, 휘선 출판사).

만약 그리스도의 초림이 B.C. 6년이고, 재림이 A.D.

2696년이라면, 초림과 재림 사이 2701년이라는 기간은 창세기 1:1에 이미 계시되어 있었던 것은 아닐까? 성령의 감동으로 우리가 미처 생각지도 못했던 차원 높은 은유가 함축된 것은 아닐까?

그래서 다음과 같은 과감한 해석을 시도해 본다.

천지 창조의 궁극적 목적은 그리스도의 십자가를 통해 하나님의 자녀들을 얻는 것이다!

부록 2 - B.C. 6년 성탄일?

하나님의 역사는 달의 형상을 따라 일정한 패턴을 갖고 있음을 확인해 보았다. 출애굽과 십자가 사건, 그리고 앞으로 남은 그리스도의 재림까지 카이로스의 시간에는 모두 같은 달의 패턴을 보였다. 그렇다면 혹시 그리스도께서 이 땅에 오셨을 때에도 그러하지 않았을까?

그리스도의 탄생에 대한 구체적인 날짜는 성경에 언급되지 않았으나 하나님의 절기와 성경에 남겨진 기록으로 구체적인 그리스도의 탄생일을 추측해 보고자 한다.

본문에서 언급한 것처럼 그리스도의 탄생연도는 목성과 토성의 움직임에 근거한 B.C. 6년 학설이 과학적으로 타당하다. 다만, 탄생에 관한 날짜는 과학적인 것이 아니고 A.D. 2세기 알렉산드리아의 세인트 클레멘트(St. Clement,150-220)의 기록(이야르 28일, 양력 5월 15일)에 의한 것이다.

그리스도의 어머니 마리아 또는 사도 요한이 알려준 것이라면 그 기록은 신빙성을 가질 것이나, 클레멘트는 예수님 승천후 약 200년 뒤 자료들을 수집하여 기록으로 남겼으니 그 기록의 신빙성은 여전히 낮다.

그래서, 이 부록에서는 하나님의 절기를 기준으로 그리스도의 탄생에 관한 가설을 세우고 이를 추론하고자 한다. 왜냐하면 하나님께서 당신의 역사를 진행하실 때, 수천년에 걸친 오묘한 달의 패턴을 사용하셨으니, 그리스도의 초림도 그런 패턴을 따라 진행되었을 것으로 추측되기 때문이다. 이 부록의 가설을 요약하면 다음과 같다.

나팔절의 나팔 소리는 왕의 행차를 의미한다. 그래서, 예수의 성령 잉태는 B.C. 7년 나팔절이었을 것이다. 그리고 탄생일은 B.C. 6년 칠칠절이었을 것이다. 유대인의 음력 달력은 보통 12달로 되어 있으나 이것은 1년이 354일이므로 19년 마다 7개의 윤달을 산입한다. 예수께서 잉태되신 B.C. 7년 유대력 3754년에는 윤달(아다르 2)이 끼어 있어서 티쉬리와 시완 사이 기간이 보통때 보다 한달 정도 늘어나게 되었다.

성령 잉태일:

나팔절 티쉬리 1, 유대력 3754 = B.C. 7년 9월 4일(토)

그리스도 출생일:

칠칠절 시완 6, 유대력 3754 = B.C. 6년 6월 1일(수)

그래서 ChatGPT(Open AI 가 개발한 대화 전문 인공지능 챗봇)에게 물어보았다.

❖ 질문 1

B.C. 7년 9월 3일 임신했다면 예상 출생일은 언제인가?

(성령의 잉태 시점을 초승달이 뜨는 나팔절 전날 밤 즉 Rosh Hashanah Eve로 추측하였으므로 잉태 시점을 9월 3일로 질문하였다.)

❖ ChatGPT 답변

B.C. 7년 9월 3일에 임신하면 예정 출산일을 계산하기 위해 일반적인 임신 기간인 280일을 더하면 됩니다.

먼저 B.C. 7년 9월 3일에서 그 해의 남은 일수를 계산합니다:

9월: 27일 (9월 30일 – 9월 3일)

10월: 31일

11월: 30일

12월: 31일

이를 합하면 27 + 31 + 30 + 31 = 119일입니다.

280일에서 119일을 빼면 280 - 119 = 161일이 남습니다. 이 남은 161일을 B.C. 6년에 더합니다.

B.C. 6년으로 넘어가서 161일을 더하면:

1월: 31일

2월: 28일 (윤년이 아님을 가정)

3월: 31일

4월: 30일

5월: 31일

여기까지 합치면 31 + 28 + 31 + 30 + 31 = 151일입니다. 따라서, 남은 161일에서 151일을 빼면 10일이 남습니다. 이 10일을 6월에 더하면 됩니다.

결론적으로, B.C. 7년 9월 3일에 임신했다면 예상 출산일은 B.C. 6년, 6월 10일이 됩니다.

일단 이 부록에서 제시한 가설과는 10일의 차이가 있다. 그 부분을 다루기 전에 먼저 예수께서 베들레헴 구유(여물통)에서 탄생하신 누가복음 기록을 보자.

눅 2:1	당시에 카이사 아우구스토로부터 한 칙령이 내려 온 세상이 조세등록을 하게 되었는데,
2:2	(이 조세등록은 쿠레뇨가 시리아의 총독이었을 때 처음 실시된 것이었더라.)
2:3	그때 모든 사람이 각기 자기의 고향 성읍으로 조세등록하러 가니라.
2:4	요셉도 갈릴리 나사렛 성읍에서 유대 다윗의 성읍, 즉 베들레헴이라는 곳으로 가니 (이는 그가 다윗 가문의 계열이기 때문이더라.)
2:5	그가 자기와 정혼한 아내 마리아와 함께 조세등록하러 갔는데, 그녀는 아이로 인하여 배가 불렀더라.
2:6	그들이 그곳에 있는 동안 날이 차서 그녀가 해산하게 되었더라.
2:7	그리하여 그녀가 자기의 첫아들을 낳아 그를 포대기로 싸서 구유에 누이니, 이는 여관에 그들이 들 방이 없었기 때문이라.

누가복음의 기록에는 조세등록으로 되어 있지만, 조세등록으로 사람들이 몰려들어서 여관에 방이 없었다는 것은 뭔가 좀 이상하지 않은가?

그 당시 유대인들은 하나님께서 정하신 규례에 따라 일 년에 세번 예루살렘을 방문하는 관습이 있었다.

> 신 16:16 너희 중 모든 남자는 주 너의 하나님 앞에 일
>   년에 세 번씩, 즉 무교절과 칠칠절과 장막절에
>   그분께서 선정하실 곳에 나오되 그들은 빈손
>   으로 주께 나오지 말지니라

여관에 방이 모자란 이유는 조세등록 때문만이 아니라 하나님께서 명하신 명절을 지키려고 많은 사람들이 고향에서 올라왔기 때문일 것이다. 조세등록도 하고 하나님께서 명하신 명절도 지키고 겸사겸사 시골 사람들이 예루살렘으로 올라 왔는데 그 때가 마침 칠칠절이었던 것으로 추측된다.

마리아의 출산일이 다가왔으므로 요셉은 그녀를 혼자 고향에 두지 못하고 함께 예루살렘으로 갔을 것이다. 그리고 그 때 베들레헴은 예루살렘에서 그리 멀지 않으니 남쪽 지방에서 올라온 유대인들로 북적거렸을 것이다. 그래서 여관에 빈 방이 없었을 것이다.

요셉과 마리아가 예수 탄생 후 유월절 명절이면 예루살렘으로 올라간 기록을 볼 때, 예수의 아버지 요셉은 그러한 규례를 엄격히 지킨 것으로 추측된다.

눅 2:21 그 후 아기의 할례를 위한 팔 일이 되니 그의 이름을 예수라 하더라. 이 이름은 그가 잉태되기 이전에 천사에 의하여 그렇게 일컬어진 것이라.

2:22 그 후 모세의 율법에 따라 그녀의 정결례를 위한 날들이 차니, 그들은 아기를 주께 드리기 위하여 예루살렘으로 데려왔더라.

2:23 (주의 율법에 기록된 바 "첫태생의 남자는 다 주께 거룩하다고 불리리라."고 한 것과 같으니)

2:24 주의 율법에 말씀하신 대로 제물을 드리는데 산비둘기 한 쌍이나 어린 집비둘기 두 마리더라.

2:25 그런데, 보라, 예루살렘에 시므온이라고 하는 사람이 있었는데 이 사람은 의롭고 경건하며 이스라엘의 위로를 기다리고 있더라. 그때에 성령께서 그에게 임하셨고

2:26 성령께서 그에게 계시로 알게 해주셨으니, 이는 그가 주의 그리스도를 보기 전에는 죽음을 보지 아니하리라는 것이라.

2:27 그가 성령에 의하여 성전으로 들어오는데 그때 그 부모가 아기 예수를 데려오니, 율법의

관례대로 그에게 행하고자 함이더라.

2:28   그때 시므온이 자기 두 팔로 그를 안고 하나님을 송축하며 말하기를

2:29   "주여, 주의 말씀대로 이제는 주의 종을 평안히 가게 하옵소서.

2:30   이는 내 눈으로 주의 구원을 보았기 때문이니이다.

2:31   이 구원은 모든 백성 앞에 예비하신 것이며

2:32   이방인들에게 비치는 빛이요, 주의 백성 이스라엘의 영광이옵니다." 하니

2:33   요셉과 주의 모친이 그 아기에 관한 것을 듣고 이상히 여기더라.

2:34   또 시므온이 그들을 축복하고, 주의 모친 마리아에게 말하기를 "보라, 이 아기는 이스라엘에 있는 많은 사람의 패망과 흥성을 위하여, 또 비방받을 표적을 위하여 세워졌으니,

2:35   (정녕 칼이 또 네 자신의 혼을 찌름같이 되어,) 많은 사람의 마음속에 있는 생각들이 드러나게 되리라."고 하더라.

2:36   아셀 지파 파누엘의 딸인 안나라고 하는 여선지자가 있었는데, 나이가 매우 많더라. 그녀가

결혼하여 칠 년을 남편과 함께 살았고,

2:37 과부가 된 지 약 팔십사 년이 되었으나, 성전을 떠나지 않고, 밤낮 금식과 기도로써 하나님을 섬기더라.

2:38 마침 같은 시간에 그녀가 와서 주께 감사를 드리고, 예루살렘에서 구속을 기다리는 모든 사람에게 그 아기에 관하여 말하더라.

2:39 그들이 주의 율법에 따라 모든 것을 마친 후, 그들의 성읍 갈릴리 나사렛으로 돌아오니라.

2:40 아기가 자라매 영 안에서 강건해지고, 지혜로 충만하며, 또 하나님의 은혜가 그의 위에 있더라.

2:41 해마다 유월절이면 그의 부모가 예루살렘에 가더라.

2:42 그가 열두 살 되었을 때에, 그들이 그 명절의 관례에 따라 예루살렘에 올라갔다가,

2:43 그 절기가 끝나서 돌아올 때, 아이 예수께서는 예루살렘에 머물렀으나, 요셉과 주의 모친은 그것을 모르더라.

만약 그리스도의 탄생일이 앞서 추측한 것처럼 칠칠절이라면 ChatGPT의 계산 B.C. 6년, 6월 10일과는 10일간의 차이가 발생한다. 그래서 ChatGPT에게 한번 더 질문해 보았다.

❖ 질문 2

평균 임신 기간은 얼마인가?

❖ ChatGPT 답변

평균 임신 기간은 약 280일, 즉 40주입니다. 이는 마지막 생리 시작일(LMP, Last Menstrual Period)부터 계산합니다. 임신 기간은 약 9개월이지만, 주 단위로는 40주로 계산합니다. 임신 주수는 일반적으로 임신 초기에 초음파 검사를 통해 보다 정확하게 확인할 수 있습니다.

이제 열흘의 차이가 나는 이유를 알게 되었다. 앞서 ChatGPT가 제시한 평균 임신 기간 280일은 마지막 생리 시작일(LMP, Last Menstrual Period)부터 계산한 것이었다. 그래서 원래 임신 기간은 약 9개월(270일)이지만, 생리일을 감안하여 주 단위로는 40주(280일)로 계산한 것이었다.

하지만 그리스도는 성령으로 잉태되신 것이므로 생리 시작일과 무관하게 임신 기간을 270일로 본다면 그리스도의 탄생일은 칠칠절 이브인 B.C. 6년, 5월 31일 밤에서 6월 1일 새벽 사이로 계산된다.

만약 이 가설이 맞는다면 그리스도께서 성령으로 잉태되신 B.C. 7년 나팔절도 역시 정기 안식일과 겹치는 것이 참으로 오묘하지 않은가? 그리고 출생도 역시 하나님의 절기 중 하나인 칠칠절과 겹치는 것이 신기하지 않은가?

출애굽 때, 그리스도께서 성령으로 잉태되신 때, 예수께서 십자가를 이기고 부활하신 때, 그리고 앞으로 다시 오실 때, 이 모든 카이로스는 하나님께서 정하신 달의 패턴을 따라 하나님의 절기에 맞춰서 진행되고 있다. 그리고 그 날들은 수천년에 걸쳐서 모두 특정 요일을 공유하고 있다!

– 끝 –

지은이

김 운 길

1968년생

서울대학교 경영학과 졸업

주요 저서

『A.D. 2695 다니엘 마지막 퍼즐』
  (2021, CLC)

『A.D. 2695 계시록 첫번째 퍼즐』
  (2022, CLC)

『A.D. 2695 파수꾼의 경고 나팔』
  (2022, CLC)